中公新書　2808

JN051922

飯田真紀著

広東語の世界

香港、華南が育んだグローバル中国語

中央公論新社刊

まえがき

　広東語ほど日本での存在感と外国での存在感に差がある
言語は珍しい。

　日本で「カントン語」と聞いてすぐにピンとくる人は少
ない。どう考えてもマイナー言語だ。自分が専門に研究す
る言葉を人にどう紹介したらいいか、いつも迷ってしまう。

　ところが、アメリカ人に広東語（Cantonese）といえば
だいたいの人に理解してもらえる。しかも、北京語
（Mandarin）と並列にカウントされる。米アップル社製の
iPhone を持っている人は、「設定」で音声アシスタント
Siri の言語選択肢を見てほしい。「中国語」の下位区分に
北京語（普通話）と広東語の2つがある。さしずめ広東語
は、北京語に対する「もう1つの中国語」といった扱いだ。

　よそからの移民が多いオーストラリアでも広東語はメジ
ャー言語だ。北京語、アラビア語、ベトナム語とともに、
英語を除く家庭使用言語トップ4の一角を占める。

　広東語は中華系移民によって世界各地に運び込まれたた
め、全世界での話者総数はとても多い。日本での存在感の
なさからすると意外だが、一説に話し手の数は8000万人と
も言われる。イタリア語を上回り、韓国・朝鮮語といい勝
負だ。

　確かに中華系移民をたくさん抱えるアメリカ、オースト

ラリアなどと違い、日本は国内に広東語話者が少ない。

　では、広東語・広東文化は日本にとって縁遠いものかというと、決してそうではない。実は中国文化の衣をまとって、日本の大衆文化にも深く浸透しているのだ。

　ワンタン、シューマイ、チャーシューは、今や日本風アレンジがされるほどメジャーな食べ物だ。これらが広東語由来の単語だということは案外知られていない。中華ランチでよく見かける、飲茶（ヤムチャ）もまた広東の食文化だ。

　中華のエンタメとして、1970年代〜90年代にブルース・リー、ジャッキー・チェンが活躍したカンフー映画の人気は根強い。2000年代以降は、ブルース・リーの師匠、イップ・マンを描いたシリーズが人気を博す。これらの映画で話されているのは他でもなく広東語だ。"無問題"「モウマンタイ」は若い人も含めよく知られた「中国語」フレーズだが、実は広東語である。

　こうしてみると、広東語は日本で存在が希薄になっているのがむしろ不思議なほどだ。

　だが、これは広東語の捉え方に根本的な原因があると感じる。

　中国語の「方言」だと説明することが誤解を生んでいるのだ。なまじ日本にも様々な地域方言があるので、その感覚で広東語を捉えてしまう。例年、授業の中で、学生に広東語と北京語の違いを具体例を挙げて説明する機会がある。説明の後、感想を書かせると、日本語の方言のようなものかと思っていたので、北京語と外国語のように違うとは知らなかったという驚きで埋め尽くされる。

　日本では、いきなり「広東語とは？」と聞かれてわからなくても、香港の言葉だと言えばイメージがわく人もいるかもしれない。

　香港は、150年以上のイギリスの植民地時代を経て1997年に中国に返還された、中華世界にあって独自の歩みを遂げた社会だ。西洋文化が中華世界にうまく融け込んだ国際都市香港は、日本から4〜5時間のフライトで行ける身近な海外旅行先だ。

　そして、2019年〜20年は自由と民主を求める香港市民のデモ、それに対する国家安全法（国安法）の導入による締め付けで世界の注目を集めた。デモ発生当時は日本でもニュースでよく取り上げられ、知識も増えた。

　ただそれでも言葉の事情については認識が深まっていない。

　香港人が広東語を母語とすることは知っていても、中国返還後は北京語が普及しているのだと思われることも多い。しかし香港の街を歩いてみると、想像以上に広東語一色の世界に驚きを感じるだろう。日常会話はもちろん、テレビ・ラジオの放送、式典や祭祀のスピーチなど、オフィシャルな場でも一貫して広東語だ。2010年代以降、中国大陸への反発から、香港志向が強い人の間で北京語を拒否し広東語色を強める動きもある。一方で、それと反対の政治スタンスの人でも、広東語に愛着と誇りを感じる点では共通している。いったいどういうことなのか。

　香港発の広東語文化の影響力は中国語圏で抜きんでて大きい。映画やドラマは吹替や字幕を通して、中国大陸や台

湾、海外中華圏で広く愛好されてきた。

　香港のおかげで、中国語の中では、北京語世界に回収されない、独自の広東語世界というのが形作られているようである。どうやら、香港、そしてその先の華人社会を理解するには、広東語を知ることが鍵となりそうだ。それには少々、広東語の世界に分け入ってみる必要があるだろう。

　広東語をめぐる謎はまだある。

　香港で公式に使われる言語には広東語のほかに、英語という世界最強の言語と、北京語という母語話者人口世界１位の言語がある。この２つの強大な言語に挟まれながら、広東語はどうして中国返還後二十数年たっても廃れずにここまで活力を保っていられるのだろうか。

　本書はまず広東語とはどんな言葉なのか、どこでどういう風に使われているのか、広東語をめぐる数々の疑問に答える。手始めに、広東語の中身の話に入る前に、広東語の世界を海外のチャイナタウンから説き起こし、そして香港に向かおう。さらに、中国語世界の中で広東語のどこに独自性があり、それによって北京語と並びたつ地位を享受しているのか、その他の中国語方言を覗いて考えてみたい。

　もう１つ、広東語の輪郭をつかむことは、実はとても大きな問題を考えることにつながる。

　まず、中国語とは何なのだろう。日本では、中国語イコール北京語というのがごく当たり前の認識だが、そう単純な話ではなさそうだ。香港の広東語話者について一番不思議なことは、北京語が全くできなくても、北京や台湾の人と同じ中国語の文章を立派に読み書きできることかもしれ

ない。では、北京語に頼らなくても読み書きできる中国語というのは、いったいどういう仕組みの言語なのだろう。その謎を解くヒントは意外にも日本語にある。

また、広東語を見ていると、方言とは何だろうとあらためて考えてしまう。オフィシャルで厳かな場にも使われる広東語は、日本人が思い描く方言のイメージとはかなり違う。そもそも、海を越えて異国にまで根を下ろす言語を「方言」と言えるのだろうか。

中国語とは？　方言とは？　古くて新しい問題に、日本語の感覚から切り込んでみたい。

目　次

凡　例

- " 　"は中国語（広東語・北京語の両方を含む）の表現を表す場合に用いる。初出以降は" 　"を外すこともある。
- 本書では読みやすさを考慮して、広東語・北京語の漢字表記にはおおむね繁体字を用いる。広東語の発音表記には千島式ローマ字表記（第3章第3節参照）を用い、北京語発音表記には漢語拼音方案を用いる。

序　章　広東語はどこで話されているか

1　広東、香港そして世界へ

広東語はどこの言葉？

　広東語はどこで話されているのだろうか。

　一般に、「○○語」という場合、○○というところで話される言葉と解釈できることが多い。例えば、日本語は日本という国で話されている。そして、日本語というのは日本で話されている言葉が最も代表的とされる。

　「広東語」というからには中国南方の広東省で話されている。それは間違っていない。広東省の全部ではないが多くの地域で話されている。ところが、ややこしいことに、広東語は広東省の言葉が最も代表的だとは見なされていない。

　では広東語の代表地はどこなのか。マイナー言語扱いされているとはいえ、広東語のテキストや参考書は日本でもそこそこある。試しに手に取ってみると、どれも香港の言葉を広東語の代表に謳（うた）っている。手前みそながら筆者の書いた語学書もそうしている。

　観光旅行先として人気の香港を目玉に据えた営業上の戦略なのかとも思われるが、それだけが理由ではない。第2章で述べるように、現在では香港の言葉がやはり広東語の代表と見なすにふさわしい。

　言語の名前と代表地がずれていてややこしい。それも広

東語に対する理解が日本でなかなか深まらない原因の１つなのかもしれない。

広州と香港

香港の言葉が代表なのであれば、いっそ「香港語」と言えばいいのではないか、と思われるかもしれない。実際、香港で話される言葉のことを「香港語」だと思っている日本人も時々いる。だが、当の香港人は自分たちの言葉を"香港話""香港語"とは言わない。"廣東話"「広東語」と言う。

なぜ「香港語」ではないのか。

それは歴史的には、現在の広東省の省都・広州の言葉が広東語の由緒正しき代表だったからだ。広東語の英語名 Cantonese にそれが表れている。

英語では言語名を表すのに土地の名前の後ろに -ese が付くパターンが多い。Japanese（日本語）は Japan（日本）に -ese が付いている。

ということからすれば、Cantonese は Canton（カントン）の言葉である。Canton とは何か。広東省のことかと思うが、実は広州のことを西洋人が呼んだ古い呼び名だ。現在は Guangzhou という。

つまり、広東語には新旧の代表地があり、古くはカントンこと広州、現代は香港というわけだ。

そこで、まず広州と香港がどんなところなのか、ごく簡単に紹介しておこう。

広州は北京・上海に次ぐ中国第３位の大都市で、中国南部沿岸に位置する広東省の省都である。上海とは1500キロ、

北京とは2000キロ離れている。日本もかなり国土が縦に長いが、広州─北京の距離は福岡─札幌よりももう少し長い。

　広州は古くから対外貿易都市の1つだった。唐の時代、海上貿易を司る官庁が置かれ、海のシルクロードの重要拠点として栄えた。18世紀半ば以降、清朝が鎖国政策をとると、都のある北京から遠く離れていたことから、唯一外国に開かれた窓口として、欧米諸国の商人が出入りする貿易港となっていく。

　アメリカの地図を見ると、オハイオ、ミシガン、ミシシッピ、マサチューセッツなどの州に Canton という地名がある。なぜこんなところにと驚くが、いずれも中国の広州と何らかの関係があるという。オハイオ州のカントンは広東貿易体制に基づく中国貿易で財を成した人物にちなんで名づけられたのだそうだ。そのほかの州のカントンも広州からはちょうど地球の裏側にあるといった理由などが命名の理由に挙げられている。当時の西洋人にとって広州は中国の唯一の窓口だったから、神秘的でオリエンタルな魅惑に満ちた China の代名詞だったのだろう。そういえば、広州は現代も広州交易会という中国の輸出入見本市が毎年開かれ、貿易都市の面影を残している。

　広州はまた、19世紀の清朝末期から20世紀の半ばにかけて、清朝打倒を目指した孫文が最初の挙兵を試みたり、中国国民党が最初に国民政府を樹立したりするなど、激動の近代史を形作る数々の重要な社会変革や革命運動における中心的な拠点となった。

　このように人口が多く豊かな大都会であったことから、広州の言葉は古くからステータスが高く、遅くとも19世紀

3

半ばには今の広東省から広西チワン族自治区にかけての華南地域一帯の共通語ないし標準語として君臨していた。

一方の香港は、歴史の表舞台に登場するのはずっと遅い。19世紀初めまでは広州から見て東南端にある名もなき漁村だった。香港が脚光を浴びるようになったのは、清朝とのアヘン戦争に勝利したイギリスに香港島が割譲されてからである。後に割譲された九龍半島や期限付きで租借された新界と合わせ、香港はイギリス植民地として約150年の歴史を刻み始める。

香港は、中国大陸、中でも広東省からの移住者や避難者を大量に吸い寄せてできた移民社会である。特に1930～70年代末にかけては戦争や共産主義下の中国大陸での政治的混乱や飢餓から逃れる避難民が次々と押し寄せた。大躍進政策の失敗や文化大革命で発展が停滞する中国大陸とは一線を画した資本主義体制のイギリス統治下で、1980～90年代には韓国、台湾、シンガポールとともにアジアのNIEs（新興工業経済地域）と呼ばれるほど発展を遂げる。

そして、新界の租借期限が切れた1997年、香港はイギリスから中国に返還され、50年の移行期間の間、「一国二制度」が実施される特別行政区となった。平たく言えば、中国に属すけれども、別の法律・制度が施行される準都市国家のようなものだ。面積は東京都の半分ほどの大きさしかなく、730万人ほどの人がひしめいている。平地が少ないため、高層住宅ばかりで、人口密度の高さは相当なものだ。

ちなみに、中国の特別行政区と言えば香港から高速フェリーで1時間ほどの位置にあるマカオ（澳門）も同じ身分である。マカオは香港よりもさらに小さく、旅行ガイドな

どでも香港の付けたしのようにまとめて語られがちだが、広東省珠海市の南に隣接し、世界遺産登録された南欧風の建造物や街並みが美しく、香港とは違う趣を持つ。そして何といってもカジノが有名だ。16世紀にポルトガル人の居留地となり、19世紀からポルトガル領となったが、1999年に中国に返還され、香港と同様、特別行政区である。マカオも元は少し違った広東語が使われていたが、20世紀前半以降、広州や香港と同じ広東語が使われるようになっている。

「広東語」の指す範囲

　さて、「広東語」と一口に言ったけれども、実は広東語には香港・広州の言葉以外にも色々な地方方言がある。中には何を言っているのかわからないぐらい違うものもある。ただ、香港・広州の広東語は標準広東語と見なされているので地方方言の話者も理解できる。ちょうど東京で話される日本語を地方方言の話者が理解できるのと似たような感じだ。

　本書ではこれらの地方方言も含めて「広東語」と呼ぶことにする。この広義の広東語は専門的には「粤語」と呼ばれる（第5章も参照）。“粤”は「広東省」の意味だ。なので、適宜、粤語という呼び方も使うことにする。

　もし文脈上、香港・広州の広東語を他の地方の広東語と区別して特に指して言う必要がある場合は、「広州広東語」や「広州語」、「広州方言」のように、広州の名前を冠して呼ぶことにしよう。広東語の旧代表地は広州だからだ。

　けれども、特に指定しないでただ「広東語」と言ってい

図序 - 1　**中国語方言地図**　『中国語言地図集（第2版）：漢語方言巻』(2012)よ
方言名は第5章参照

黒竜江省
●ハルビン
長春
吉林省
遼寧省
●瀋陽
内モンゴル
自治区
寧夏回族
自治区
フフホト
●北京
河北省
●天津
渤海
日本海
銀川
大原
山西省
●石家荘
済南
山東省
黄海
西安
鄭州
陝西省
河南省
安徽省
江蘇省
合肥
南京
●上海
湖北省
武漢
杭州
浙江省
東シナ海
●重慶
長沙
●南昌
江西省
湖南省
福州
福建省
台湾
●台北
貴州省
貴陽
広西チワン族自治区
広州
広東省
台湾海峡
台湾
●南寧
マカオ　香港
南シナ海
海口
海南省

る場合は、広州方言のことだと思ってもらってよい。ちょうど、「日本語」と言って東京方言を無条件に指しているのと同じだ。

　地方方言も含めた広義の広東語（粤語）が話されるのは、図序-1の地図で示したように、広東省の中部以西、それに広東省の西隣の省である広西チワン族自治区の北部以外のエリアだ。この2つの省だけで合わせて6000万人近くもの話し手がいる。先ほど述べたように、広州広東語はこれらの様々な地方広東語の方言話者にも通じる。それにこの地域で粤語以外の方言を母語とする人でも話せることが珍しくない。なので、地図上の分布で見るよりも通用範囲が広い。

　ついでに、用語に関してもう1つ補足しておきたい。日本で私たちが一般に言うところの「中国語」のことを、本書では広東語と対置させるために「北京語」と呼ぶことにする。英語でMandarinと呼ばれる言葉だ。日本では時々「標準中国語」と呼ばれるが、本書ではそのようには呼ばない。そのわけは後ほど明らかになる。

　北京語は中国語圏の各地で呼び方が異なっている。中国では「普通話（プートンホワ）」と呼ばれる。台湾でオフィシャルに通用しているのもこの北京語だが、「国語」や「華語」と呼ばれる。シンガポールやマレーシアなど東南アジアの華人社会では「華語」と呼ばれる。

　本来、「北京語」というと、中国の北京一帯で話される地方方言のことを指すのだろうが、うまい言い方がほかに見当たらないのでそうしておく。

　このように中国語にはいくつか下位区分ができ、広東語

だったり北京語だったりする。この中国語のサブカテゴリーのことを指して、本書では適宜「中国語方言」と呼ぶことにする。

　広東語と北京語の違いは後に詳しく述べるが、さしあたりオランダ語と英語ぐらいの違いがあると思っておいていただきたい（ただし、文法の違いはそこまで大きくない）。それなのに「方言」と呼ぶのは日本語の感覚からするとかなり抵抗があるのだが、とりあえずそうしておく。

世界に広がる

　再び広東語の使用地域の話に戻ろう。

　広東語は広州を中心に華南地方の共通語と言われるほど通用している。それに何といっても、香港の言葉であるというのが「売り」である。

　しかし、広東語の隠れた実力は、実はグローバルな広がりにある。

　世界各地に広がる華人社会において、数百万単位の広東語の話し手がいるからだ。

　清朝末期の19世紀半ば以降、広義の広東語（粤語）を話す人たちが、あるいは労働者としてあるいは商人として海を渡り、近くは東南アジア、遠くはヨーロッパ、アメリカ大陸など新天地を求めて世界各地に大規模に散らばった。その多くが移民として現地に根を下ろしたことで、世界中に広東語が広がっていったのだ。

　少しデータは古いが、1980年代末に作成された、当時の世界各地で優勢を占める中国語方言の分布地図を見てみよう（図序 - 2 a、図序 - 2 b）。世界各地における中国語方言

図序 - 2a　中国語方言：海外分布図　『中国語言地図集』（1987）より

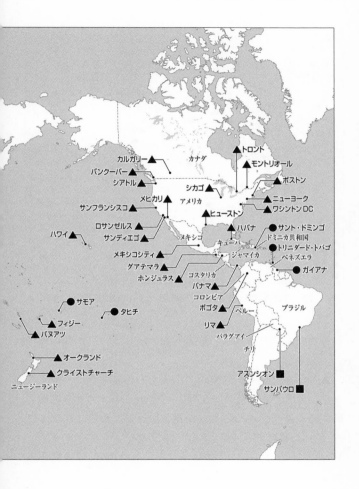

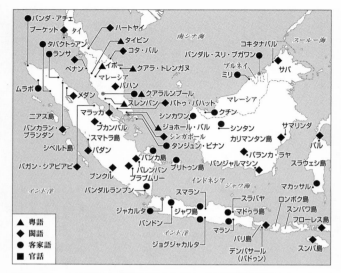

図序 - 2 b　中国語方言：東南アジア分布図　『中国語言地図集』（1987）より

　の分布を示した地図は、筆者の知る限りこれしかないので、
とても貴重だ。

　▲で示されたのが広東語が主流を占める地点だ。驚くこ
とに、北米、南米、オセアニア、欧州、アフリカの各地で
広東語が優勢を占めることが見て取れる。東南アジアでは
やや少な目だが、それでもベトナム（ハノイ、ホーチミ
ン）やマレーシア（クアラルンプール、イポー）で優勢を占
める。

　この地図が作成されたのとほぼ同時期の游汝杰による調
査データでは、海外で話される中国語のうち、広東語がトッ
プの1100万人の話し手を擁し、全体の46％を占めていた。

一方、北京語話者の割合は15％程度で、この時代はまだ北京語はさほど海外には話し手は多くなかった。北京語は地図では「官話」と呼ばれている。

その後、北京語を話す華人は各地で増えていくが、元々こういう歴史的背景があるので、広東語は伝統的に海外でとても強い。

英語圏における広東語の拡散は20世紀半ば以降の香港人の移住に伴うところも大きい。特に大規模なのは1984年に中国への返還が決まって以降、将来への不安から香港を脱出し、当時の宗主国のイギリス、そして同じ英連邦のカナダ、オーストラリアなどへ向かった移民ラッシュだ。これらの国の中華系コミュニティでは、広東語の存在感が大変強い。

そして、2020年の国安法施行後の昨今は、香港でそのとき以来とも言われる海外移民ラッシュがあった。移民先はイギリスがとりわけ多い。

華人が世界中に移民し、移民先でコミュニティを築いているというのはよく知られている。しかし、移民した時代がいつなのか、中国のどこの地域から移民したのか、あるいはさらに第三の国や地域を経てから移民したのか、どういう理由で移民したのか等によって、異なる層に区別することが可能だ。その中で、広東語を話す人が大きな存在感を示しているという事実は案外知られていないのではないか。

実際、海外のチャイナタウンを歩いてみると広東語がよく通じることを実感する。広東語が話せるととてもお得だ。広東語を母語にする華人に出会うと、とても親近感を持っ

てもらえる。飲茶レストランは海外チャイナタウンでは中華料理の定番だが、飲茶というのは広東の食文化だ。故郷の食文化を目当てに集う華人たちも多く、耳をすませば広東語が聞こえてくる。

　次節ではそんなチャイナタウンをたくさん抱えるアメリカを起点に、広東語をめぐる旅に出たい。

2　アメリカにおける広東語

広東語だけで生活可能？

　香港の映画に、ニューヨークを舞台にした『誰かがあなたを愛してる』(1987) という名作がある。1980年代、留学中の恋人を追うように自らも香港から芸術の勉強のためニューヨーク留学に行った女性が、マンハッタンにいる遠い親戚の家に間借りさせてもらううちに、家主の男性との間にお互い住む世界の違いにすれ違いを感じながらも好意が芽生えてくるラブストーリーだ。

　後にハリウッド映画にも活動の場を広げた香港の大俳優チョウ・ユンファが演じる家主のサンパンは、チャイナタウンの中華レストランで働く無学で粗野な新移民。いつか永住権を取ってレストランを開きたいという夢はあるものの、生活様式も言葉も全くアメリカに同化していない。チャイナタウンに閉じこもって、同じ広東語を話す華人の仲間たちとつるんでは、同胞たちが開く賭場でギャンブルに明け暮れる毎日だ。

　この映画は1980年代の作品だが、アメリカ最大の都市、

ニューヨークのど真ん中に広東語だけで生活できる空間があるはずがないと疑いたくもなる。しかし実際、今でも十分それが可能な空間があるから驚きだ。

　日本の横浜や神戸の中華街が日本人向けの観光名所の色彩が濃いのと違い、アメリカのチャイナタウンは規模も大きく、日々新しく来た移民たちや現地に住んでいる中華系住民の生活の場になっていて圧倒される。飲食店、生活雑貨、生鮮食品店、法律相談所、移民相談所、英語学校、各種診療所など、何から何まで華人向けの施設が揃っている。新聞も中文のものが置いてある。どう見ても英語が話せそうにない年配の華人がそこら中にいて仲間内でおしゃべりしている。

　そこで話されている「中国語」は何語だろう。聞き耳を立ててみると、かなりの確率で広東語が聞こえてくる。

　移民大国のアメリカでは国勢調査局が家庭での使用言語を調査している。2009〜13年実施で15年に出た結果を見てみると、広東語を話すと答えた人の数がサンフランシスコ、ニューヨーク、ボストン、シカゴ、そしてハワイのホノルルにおいて北京語を話すと答えた人よりも多くなっている。内訳を示さず単に「中国語」を話すと答えた人もかなりいるものの、これらの地では広東語が北京語と並ぶ２大中国語であることが推測される。ホノルルのチャイナタウンは例外的に古くてさびれているが、他はどこも大きなチャイナタウンがあるところだ。

チャイナタウンの看板

　アメリカのチャイナタウンは広東語と広東文化の影響が

図序 - 3　飲茶レストラン「囍臨門」　著者撮影

そこかしこに感じられる。

　香港と変わらない本格飲茶のできるレストランや、ロー
ストダックやチャーシューを軒先にぶら下げた"燒臘"
（ロースト料理）の店があちこちにある。スーパーや露店で
は、香港や広東ではお馴染みの中国広東省原産の緑黄色野
菜"芥蘭"（カイラン）、広東人が好む"西洋菜"（クレソ
ン）が売られている。

　看板や商品表示の言語にも広東語の影響が目立つ。

　ボストンのチャイナタウンで有名な飲茶レストランに
Hei La Moon Restaurant（ヘイラムーンレストラン）という
のがある（図序 - 3）。Moon なので「月」のことかと思う
が、そうではない。"囍臨門"、すなわち「めでたいことが
２つ重なってやって来る」というおめでたい意味の漢字店
名を広東語読みしてアルファベットで綴ったものだ。チャ
イナタウンの店名にはこんな風に、漢字名の広東語読みを
アルファベットで転写したスペリングが目に付く。

　チャイナタウンで売っている商品には漢字しか表示がな

図序‐4　乾物屋の店頭　著者撮影

いことも珍しくないが、そこには広東語独特の表現があふれている。

　マンハッタンの乾物屋の例を挙げよう（図序‐4）。オレンジ色のプラカードに目立つように"益街坊"と書いてある。"益"は「うまみを与える、得をさせる」という意味の動詞で広東語の表現だ。"街坊"は「ご近所さん」の意味である。つまり、この界隈の皆さんに安くまけておきます、といった意味だ。

　干しエビの表示には手書きで"靚虾米"（"靚蝦米"）とある。"靚"は広東語の表現で「きれい、美しい」の意味。人、景色など一般的にきれいと言うのに使ったり、この場合のように野菜や食品について使ったりする。また、左奥にあるミニ貝柱の表示"元貝仔"（"元貝仔"）の"仔"は広東語で小さいものを表す接尾辞である。

　これを見ると、広東語がある程度わかる人に向けて商売をしているとしか思えない。商品の陳列の仕方も香港の店

図序 - 5　スーパーのドアに貼られていた広告　著者撮影

先と似ている。

　スーパーのドアに貼られていた"従未試過甘平"という
貼り紙も、広東語がわかる人向けの表示だ（図序 - 5）。
"甘平"は香港では"咁平"と書くのが一般的だが、広東
語で「こんなに安い」という意味。"試過"も広東語独特
の表現で、「経験したことがある」だ。全体で合わせて、
「今までこんなに安いのは経験したことがない」という意
味になる。

　そして、そこに記載されている目玉商品"嫩牛扒"「や
わらかいビーフステーキ」の"牛扒"（ビーフステーキ）も
広東語の表現だ。

　こんな風に、広東語がわかる人間にはものすごく親近感
がわく。

ゴールドラッシュと大陸横断鉄道

　世界各地の華人の来歴にはそれぞれ独自の物語があるが、アメリカの場合、広東語を話す華人が多いのは19世紀半ばにカリフォルニアで起こったゴールドラッシュがきっかけだ。清朝末期に、広東出身の華人労働者が香港発サンフランシスコ行きの航路で続々とアメリカに渡った。

　金採掘の波が下火になると、1860年代から80年代にかけて、大陸横断鉄道の敷設に従事した。アメリカの大陸横断鉄道はこれらの華人労働者の貢献抜きには語れない。鉄道が完成した後は、鉄道沿いに定住し、一部はアメリカの中部や東部に移住した。そのほか、西海岸など都市部の低廉な労働力の需要を埋める役割も果たしている。

　こうした初期の華人はほとんどが広東省の出身だった。中でも貧しく教育レベルの低い農民が多かったという珠江デルタ地域西部の「４つの県（当時の区画）」（"四邑"）である台山、開平、新会、恩平の人々が大多数を占めた。後にアメリカ社会の華人やチャイナタウンに対して抱くイメージにも多大な影響を与えたといわれる。

　だが、次第に急増する華人に対して現地では排斥の動きが起こり、1882年に華人排斥法が制定されてからは新規の華人流入がごく少数に抑えられるようになる。そのため、1965年の移民法改正によりアジアからの移民が増えてくるまでは、アメリカ華人のほとんどが広東出身者という状態が続いた。

　そのことはアメリカでもそれなりに認識されているようだ。ニューヨークのエリス島にある移民博物館の展示資料

図序 - 6　19世紀末までのアメリカ移民の出身地を示した地図　著者撮影

には19世紀末までの世界各国のどこからアメリカへ移住が行われたかが地図で示されているが、「中国」の送り出し元は広東省沿岸部一帯だけが色付きで表示されている（図序 - 6）。

台山語

このように、広東語がアメリカの華人社会で幅を利かせているのは、華人移民の歴史と関係している。

ただし、初期の大多数の華人移民のふるさとである広東省「四邑」の言葉は確かに広東語の一種だが、広州広東語とはかなり違う。広州語の母語話者でも聞き取りが難しい。

その一方、「四邑」（4つの県）の間では少しずつ違いはあるものの、お互いの言葉で話しても基本的に通じる。アメリカの華人の間では、これら四邑の広東語のことを最も出身者が多かった台山の名をとって"台山話"（Hoisanese

/ Toisanese / Taishanese）とまとめて呼ぶのが習わしである。

　本書もそれに倣って「台山広東語」あるいは「台山語」として、様々なバリエーションを含む四邑の広東語をまとめて指すことにしよう。台山語は個人的な聴覚印象では、広州語をさらにベトナム語のような雰囲気にした言葉である。

　このようなわけで、1960年代半ばまでは、アメリカでは広東語の1種である台山語という言葉が華人社会の共通語になっていた。その名残りで、今でもチャイナタウンのお店の看板や広告の貼り紙に台山語での対応が可能という表示をよく見かける（図序‐7）。ニューヨークでたまたま入った飲茶レストランでも、四邑出身だという従業員が給仕を務めていた。

　一方で、初期の華人移民の中には、広州語が話される地域から来た人たちもいた。また、台山語話者たちの中にも広州広東語が理解可能で、話せる人もそれなりにいただろう。先述のように、広州語は当時すでに華南を代表するステータスの高い都会の言葉だ。日本語の感覚に当てはめて言えば、広州広東語は東京の標準語であり、台山広東語は地方の方言という関係になる。当時、祖国でも台山出身者は大都会の広州に出れば広州語を身につけるようにしていた。また、アメリカの華人子女向けの中華学校の多くで標準的な教育用言語として用いられていたのも広州の言葉だった。

　そして、1965年に移民法が改正されてからは、広州語を話す香港人や広東系ベトナム人など東南アジア華人が多数

図序 - 7　自動車学校の案内看板　著者撮影

アメリカに流入してくるようになった。それによりステータスの高い広州広東語が広められたことで、台山語は次第に脇へ押しやられ、広州語がアメリカ華人社会の中で主流を占めるようになっていった。

　台山人はアメリカだけでなく世界各地へと出稼ぎ移民を送り出した伝統がある。アメリカの華人と言えば台山人というイメージは、香港の映画にもしばしば見られる。

　代表例として1982年に香港でそれまでの映画興行収入成績を塗り替えた『悪漢探偵』(《最佳拍檔》)というアクション・コメディがある。サミュエル・ホイ演じる機転の利くイケメン怪盗と、カール・マッカ演じる禿げ頭でドジでお

人よしの刑事というありえないコンビがイタリアギャングが派遣した追っ手に狙われ、協力しあううちにお互い息の合った"最佳拍檔"「ベスト・パートナー」になる話で、大ヒットして後にシリーズ化された。コンビのうち刑事のほうは、なぜかアメリカ・ニューヨーク帰りという設定なのだが、ステレオタイプ通り台山出身者で、終始、台山語訛りの広東語を話している。

華人向けの英会話指南書

先述のように、アメリカの初期の大規模な華人の移民は金採掘を目当てに西海岸に渡った広東系が中心だったが、ゴールドラッシュそして大陸横断鉄道建設という動きは、カナダでもほどなくして同じように起こる。そこでもやはり台山など四邑出身の労働者の流入が激増した。

当時、アメリカ・カナダに渡った華人はもちろん英語など全然できない。そこで、こうした人たち向けに現地で使えそうな英語の単語や会話を列挙した会話ブックが同胞によって出されている。*Chinese and English Phrase Book and Dictionary*（図序 - 8）というのがその１つだ。

中の英会話例文を見ると、当時の華人たちの生活の様子が透けて見える。商人向けのビジネス会話、日常の起居、旅行の会話もあるが、やはり、洗濯業、農作業、石炭採掘、鉄道建設作業など華人がアメリカで従事した主要な肉体労働作業における会話がバラエティに富んでいて、紙幅もたくさん割かれている。

具体的にどんな会話が指南されているのか、「金採掘」を見てみよう。

202

汝警乜愿。菩去此警章亞
What do you swear to in the oath!
挖肚，天士和。組因於。唱士
汝講明泥口在何處。釁螽瀾大亞
You tell where the mine is and its size.
天且林。和於米於市。頸地冼士
可用水淘金之堀口。即同提例罵
Do the same rules apply to placer mining?
肚於心盧路。鳴怕繁。租丕李沙。米甯
有差卸係伸咈規例銀
Exactly the same fees are to be paid.
的戾利於心啡。亞粗卑丕
用水淘金。是坭兼石仔之坑
Washing gold is placer mining.
嘩盛輻路。於市。丕李沙。米甯
我蔣此石金点做好亞
What will I do with this quartz!
挖和路埃肚。掌士汝市。粉
扲去驗金師傳
Take it to an assayer.
戚的粗瓢。亞叟斸
伍即語汝知值乜儁
He will tell you what it is worth
戬和路且天。挖的富士
汝料可倗幾多銀亞
What do you think it will pay?
挖都天湏。的和路丕
大約二百元一屯
About $200 to the ton.
匱包。租坦頓打胖。粗於村

図序 - 8　*Chinese and English phrase book and dictionary*（1909）
　　　　　「Gold Mining」（金採掘）に関する英会話

「カナダ（紅毛）の金鉱法はアメリカ（花旗）とは違いますか？」、「これはよい金鉱エリアだと思いますか？」、「これは報酬がよい」といった、実用的な英語の常用表現が載っている。

　金採掘関連の英会話文と並んで最多の20ページ強を占めるのが「法律」関連だ。

「脅迫とはなんですか？」とか「彼は長く刑に服すことになりますか？」、「犯罪はいくつの等級に分かれていますか？」などといった会話例がある。

　言葉や文化が異なる異国に来て現地の法律がよくわからず、犯罪者として捕まったり、起訴されたりするケースが

多かったのだろう。初期の華人労働者たちの戸惑った様子が目に浮かぶ。

　さて、内容もさることながら、筆者としては英語の会話文を挟む形で上下に置かれた「中国語」に興味が魅かれる。

　上のほうは会話文の中国語訳であり、そこに広東語の表現がふんだんに混じっている。

　一方、下のほうは英会話文の発音をそれに近い発音の漢字で表記したもので、意味とは関係のない当て字だ。万葉仮名のような漢字の使い方である。take に“戚”が、it に“的”が、to や two に“粗”が当てられている。外国語に漢字を当てるという点では、日本語でイタリアを「伊太利亜」と書いたりするような感じに近い。

　興味深いのは、この“戚”とか“的”、“粗”とか、英語への漢字の当て方が広州の広東語でなく台山付近の広東語の発音をベースにしていると思われる点だ。当時、四邑出身の華人労働者が北米に多かったことを物語る資料だが、まだ研究が進んでいないので、今後の解明が待たれる。

ハリウッド映画の「中国語」

　以上のような経緯から広東語の勢力が伝統的に強いアメリカでは、「中国語」と言いながら広東語を指していることが結構ある。

　ハリウッド映画は格好の例だ。

　第95回アカデミー賞（2023）で作品賞など7部門で受賞を果たした『エブリシング・エブリウェア・オール・アット・ワンス（通称エブエブ）』は中国からアメリカに渡り洗濯業を営む移民家族を主役にした話で、家族内の会話では

「中国語」が使われる比重が高い。

　だが、その「中国語」は一様ではない。北京語だけでなく広東語も話されている。

　主人公のエヴリンは、夫のウェイモンドとは北京語で話すが、お父さんのゴンゴンとの会話は広東語になる。それもそのはず、ゴンゴン（「母方のおじいさん」を意味する広東語"公公"）を演じた俳優ジェームズ・ホン（1929生まれ）は、当時、アメリカでマジョリティを占めた広東省台山を本籍とする華人移民家庭の生まれだ。しかも、親の方針で、アメリカナイズしすぎないよう、小学校は香港で教育を受けている。だから、彼にとっての中国語は当然、広東語である。『チャイナタウン』や『ブレードランナー』でもチャイニーズの役で出演し、ほんの少し中国語つまり広東語を話している。

　アメリカにおける「中国語」の実相を見るには、『エブエブ』のようなチャイニーズ・アメリカンを主役にした作品やチャイニーズの監督が撮った作品よりも、むしろチャイニーズではないアメリカ人監督が撮ったごく普通のハリウッド作品に注目したい。一般のアメリカ人には中国語の内訳などよくわからないだろうが、脇役や端役の中華系の人物が二言三言話す「中国語」が実は広東語だということが結構あるのだ。もっとも、中華系の俳優でも英語を第一言語として育っている人は、「中国語」に多少おぼつかないところもある。だが、広東語が下敷きになっていることは聞けばすぐわかる。

　特に1980年代、90年代のように今より少し前の時代では、広東語の使用率が高い。

　1985年のアドベンチャー作品の『グーニーズ』では、子どもたちのメンバーの中にデータというアジア系の発明好きの男の子がいて活躍を見せる。おばさんが中国にいるというチャイニーズ・アメリカンの設定だ。冒険を終えた物語の最後、データは迎えに来た両親と再会し、そこで初めて家庭の言葉である中国語を使って父親と会話する。ここで父子2人が話す中国語はほかでもなく広東語である。

　データを演じたキー・ホイ・クァンは『エブエブ』でウェイモンドを演じた俳優で、ベトナムからアメリカに移住した広東系華人家庭の出身である。『エブエブ』では訛りの強い北京語を話しているが、彼が子役として80年代の映画で使っていた「中国語」は広東語だ。

　彼はもう1つの代表的出演作の冒険物語『インディ・ジョーンズ　魔宮の伝説』(1984) でも、ハリソン・フォード演じるジョーンズ博士の右腕となる中国の利発な少年ショーティーを印象深く演じている。ショーティーは上海育ちの設定のはずだが、彼が劇中で話す「中国語」は広東語である。おかげでハリソン・フォードまで一緒になって広東語で話すシーンがある。

　1990年にヒットしたシンデレラストーリーの『プリティー・ウーマン』でも広東語が一瞬出てくる。冒頭、ロサンゼルスにあるパーティー会場を抜け出したリチャード・ギア扮する富裕な実業家エドワードは、自分の顧問弁護士の車を指して「これはスタッキーの車か？」と尋ねる。すると、その場にいたアジア系の従業員が広東語で「そうだ、スタッキーの車だ」と返事をしている。セリフに字幕すら付いていないほどどうでもいいシーンだが、広東語が聞こ

えてくると、つい気になってしまう。

中国語イコール広東語だった時代

　これらはほんの一例だ。広東語がありふれた存在である
アメリカでは、映画の中でチャイニーズの役割の人物が
「中国語」と称して実は広東語を話していることが珍しく
ない。

　最近は「中国語」として北京語が話されることが多くな
ってきたが、昔の映画であればあるほど広東語が占める割
合が高くなる。

　何しろ、1960年代後半以前はアメリカの華人は広東系が
圧倒的多数だった。俳優やエキストラもまたしかりである。

　だから、時代をさらにさかのぼり、1930〜40年代のハリ
ウッド映画の初期の黄金時代、まだ映画がカラーでなく白
黒の時代ともなると、その中の「中国語」は広東語一色に
なる。

　黎明期のハリウッドで活躍した中華系の俳優と言えばア
ナ・メイ・ウォンが有名だ。2022年にアジア系として初め
てアメリカの25セント硬貨の裏面に肖像が載せられたこと
で、改めて功績が評価された形だ。彼女も台山出身華人の
家庭の出身でアメリカ生まれの移民３世だが、当時は華人
排斥法が施行されている最中だ。白人以外への差別や偏見
が根強く、中華系のステレオタイプの強い役柄ばかりであ
った。

　そのうちの代表作の１つ、アカデミー撮影賞受賞作品の
『上海特急』（1932）は、中国の国共内戦時代、軍閥の一味
にハイジャックされた北京発上海行きの特急列車の乗客に

起こった出来事を描く。1923年に実際に山東省南部で起こった列車襲撃事件を基にしたものだ。北京から上海の間という設定上、中国の北方が舞台だが、娼婦役を演じたアナ・メイ・ウォンほか華人役の俳優たちが話す中国語は、不自然なことにどれも広東語である。

　一方、1930〜40年代には例外的に華人とその文化をポジティブに扱った作品として刑事探偵ミステリー・コメディの『チャーリー・チャン』の一連の映画シリーズがある。「チャン」というのは華人姓でよくある“陳”の広東語読みだ。ハワイの実在の中華系アメリカ人刑事をモデルにした小説が原作で、B級作品ながら当時の映画会社20世紀FOX を苦境から救った人気シリーズとなり、40数作が作られている。戦後から1960年代半ば生まれのアメリカのベビーブーム世代の多くがテレビ放送で見て親しんだとされる。

　当時のハリウッドの配役上の縛りのため、中華系の俳優が主役のチャーリー・チャンを演じることができず、代わりに白人俳優が東洋人を模した特殊メイクで演じた。そうした点などから後に差別的だと批判を受けるものの、同時代の中国では大変な人気で、批判精神に富む作家魯迅もシリーズのファンだったという。

　この作品も設定上、登場人物に同時代のアメリカ在住の華人がたくさん現れるが、主人公のチャーリー以外は本物の中華系俳優によって演じられている。特に活躍するのがチャーリーの子どもたちで、素人探偵ぶりを発揮して事件に首を突っ込みたがり、頓珍漢な推理を働かせる一方、有能な助手にもなる。

図序 - 9　アナ・メイ・ウォン　映画『上海特急』（1932）より

図序 - 10　キー・ルーク（左）　映画 *Charlie Chan at the Race Track*（1936）より

　移民２世である子どもたちはすっかりアメリカナイズさ
れ普段は英語しか話さないが、まれにルーツ言語である
「中国語」を一言二言話す。その「中国語」は当たり前の
ように広東語だ。長男や三男、次女の言葉には台山広東語
も混ざる。舞台となるサンフランシスコやホノルルの華人
コミュニティの住人たちもみな台山広東語か広州広東語を
話す。さらに、チャーリーを演じる白人俳優や脇役を演じ
る黒人、コリア系の俳優もまれに「中国語」を口にするが、
それもやはり広東語だ。シリーズを通して北京語を話す人
物は出てこない。

　これらの1930〜40年代の作品で活躍した中華系俳優は、
この後もしばらくアメリカの映画やドラマの常連として出
演しては、時折「中国語」つまり広東語を話していた。

　一般のアメリカ人の中国文化観、中国語観には広東文化、
広東語のイメージが相当強く刷り込まれたことだろう。

モグワイは“魔怪”

　時代は下って、1984年の『グレムリン』という作品も広
東語と浅からぬ縁がある。

　発明家のお父さんがチャイナタウンの骨とう品店で可愛
らしい風変わりな生き物モグワイを見つけ、息子へのクリ
スマスプレゼントとして持ち帰る。モグワイには明るい光
や水を与えてはならないなどいくつかの禁止事項があるが、
友達がうっかり水をあげてしまったため分裂増殖して、町
中に騒動が巻き起こるというSFホラー・ファンタジーで
ある。続編として『グレムリン２』もある。

　この映画に出てくる台山語風広東語を話すチャイナタウ

ンの老店主を演じるのは、先述のチャーリー・チャン映画の長男役で一躍人気になり、1970年代の米大ヒットドラマ『燃えよ！カンフー』で主人公の恩師役として脚光を浴びた俳優キー・ルークである。清朝末期の広州に生まれ、すぐに家族の住んでいたシアトルに連れ戻された彼もジェームズ・ホンと同じく、20世紀のアメリカの代表的な中華系俳優として映画やドラマに欠かせない存在だ。アナ・メイ・ウォンやジェームズ・ホン同様、ハリウッド・ウォーク・オブ・フェームに名を残している。

そういうわけで、老店主が販売を拒んだ小動物「モグワイ」（mogwai）は、広東語の"魔怪"「モークワーイ」（妖怪の意）から来ていると考えられる。ぱっちりとした目で愛くるしいのに、漢字で見ると何だか怖そうだ。

モグワイは実は広東語由来だったわけだが、では、ほかに英語の中で使われる語で広東語由来というものにはどんなものがあるだろうか。

初期の華人移民の職業として洗濯屋と並んで多いのが中華料理店のコックだったこともあり、やはり料理関係が多い。

辞書に載っているものを挙げてみよう。

まず、英語で餃子やシューマイなどを広く指す dim sum は、もちろん、飲茶（ヤムチャ）のときに食べる"點心"「ティムサム」から来ている。wonton も広東語の"雲呑"「ワンタン」由来だろう。また、中華鍋を意味する wok は、広東語で中華鍋を指す語"鑊"「ウォーック」が起源だ。一説では周代にまでさかのぼる歴史ある単語だ。

そのほかの広東語起源の語にもやはり料理の名前が多い。

アメリカ式中華丼である chop suey（"雑砕"「チャーッブソ
ユ」）は、初期の移民がふるさとの台山から持ち込んだ料
理に現地人向けアレンジがなされた大衆中華料理だ。中華
焼きそばの chow mein（"炒麺"）も早くから現地化された
中華料理として知られる。ちなみに、chow mein は広州広
東語の発音「チャーウミン」よりも台山広東語の発音「チ
ョウメイン」を反映していると言われる。ほかには bok
choy（"白菜"パーックチョーイ）という青梗菜に似ている
が茎の部分が白い中国野菜がある。日本語ではパクチョイ
と呼ばれ、時々、スーパーで売っている。

２つの「中国語」

　これまで述べてきたように、アメリカでは19世紀半ばか
ら20世紀半ば過ぎまで華人社会のマジョリティを広東系が
占めていたため、「中国語」が広東語を指している時期が
長く続いた。

　その後、先述のように、チャイニーズの内訳が多様化し、
広東系以外が増えた。まず、台湾から、そして90年代以降、
大陸から移民が急増した。母語としてあるいは様々な中国
語方言をつなぐ共通語として北京語を話す人が増え、北京
語の勢力が大きく伸長した。中国の国際社会でのプレゼン
スも拡大している。

　そのため、昔と違って中国語と言えば北京語を指すこと
が一般的になってきている。けれども、もう１つの有力な
中国語として広東語もまだまだ健在だ。様々な場面で中国
語のオプションとして北京語とともに広東語が並列してい
る。

例えば、中華系のためのエスニック・メディアとして「中国語」によるラジオやテレビの放送がある。サンフランシスコやニューヨークを拠点にした局がいくつかあるが、放送言語の「中国語」にはたいてい北京語と広東語の2つがある。

　伝統メディアだけでなく、YouTube などのプラットフォームで発信する中華系 Vlogger にも英語をベースに広東語を交えて話す人が目立つ。

　また、「まえがき」で述べた通り、カリフォルニアに本社があるアップルの iOS に入っている音声アシスタント Siri は、中国語（Chinese）のオプションとして北京語（Mandarin）と広東語（Cantonese）が選べるようになっている。Google 開発の Android OS の音声アシスタントも同じく北京語と広東語が選べる。

　このように、アメリカでは歴史的な経緯から、中国語にはおもに2つの種類が知られている。メジャーなほうが北京語、マイナーだけれども伝統的に主流だったのが広東語なのだ。

3　日本における広東語

中国語と言えば北京語

　アメリカに比べると、日本では広東語の存在感は本当に小さい。

「中国語」と言えば無条件に北京語のことしか想定されない。そのためだろう、日本語には英語と違って、北京語を

相対化して言う呼び方が欠けている。

　英語では中国語（Chinese）のサブカテゴリーとしての北京語を特に指したいときは、Mandarin と言う。この語は普通に使われるもので、決して学術用語ではない。

　本屋の語学書コーナーには "Mandarin Chinese for beginners" とか "Easy Mandarin Chinese"、"Conversational Mandarin Chinese" といったタイトルの本が並ぶ。日本語で言えば、さしずめ「初めての中国語」とか「楽々・中国語」、「中国語会話」といった感じだ。日本語ではこういうときにはただ単に「中国語」と呼んで済ませる。「初めての北京語」とか「楽々・北京中国語」のようなタイトルはありえない。

　もちろん、英語でも Chinese と言って暗黙裡に北京語を意味することはある。けれども、Mandarin が中国語のサブカテゴリーを指定する語として普通に使われるのは、反面、その他の中国語、特に Cantonese（広東語）の存在が意識されていることを表す。

　振り返って日本では中国語と言えば一にも二にも北京語である。広東語は完全にマイナー言語だ。

日本の中華料理

　では、広東語は日本の中にまるで痕跡がないのかと言えばそんなことはない。

　日本の大衆文化、特に中華料理の中には広東語の単語がそこそこ入っている。

　何度か話題に出てきた "飲茶"（ヤムチャ）という語は広く市民権を得ている。日本の中華レストランでも飲茶の

点心を各種取り揃えたところが最近は増えてきた。とはいえ、アメリカなど海外チャイナタウンでよく見かける、従業員がワゴンを押してくるような、本格的な飲茶という感じではない。そもそも、飲茶と言えば、筆者の世代にとっては、漫画『ドラゴンボール』に「ヤムチャ」という登場人物が出てくるのが、最初に接した"飲茶"かもしれない。

ほかに、"燒賣"（シューマイ）、"叉燒"（チャーシュー）、"雲呑"（ワンタン）といった中華の食品なら誰でも知っているだろう。いずれも広東語由来の語だ。ただ、これらも食品自体はすっかり日本化されているので香港や広東のものとはかなり違う。

そのほか、"芙蓉蟹"（フーヨーハイ）という大衆中華料理の名前も広東語から来ている。卵を溶いた中に具を入れて甘酸っぱいたれをかける中華オムレツだ。フーヨーハイはアメリカで早くから egg foo young という現地化された大衆中華料理として人気を博していた。

筆者は子どもの頃、レトルトパウチ入りのソースで"芙蓉蟹"を知ったが、当時は「フヨウハイ」というように記憶しており、てっきり日本語かと思っていた。広東語を知ってから初めて「フヨウ」が"芙蓉"（蓮の美称）、「ハイ」が"蟹"（カニ）ではないかとようやく合点が行った。

戦前の中華学校と孫文

けれども日本の中ではやはり広東語の存在感は薄い。近代における華僑・華人の歴史がアメリカとはかなり違っていて、広東系移民が目立たないからだ。

ただ、広東語を話す広東人が日本に全然住み付かなかっ

たわけではない。

　それどころか、日本の三大中華街がある横浜ではかつて広東出身華人が多かった。神戸にも広東人が集住するエリアがあったとされる。1859年の開港後、西洋人に伴って香港や広州から買弁（仲買商人）や使用人を務める広東人が多く渡って来たためだ。

　それで、当時、横浜や神戸で華人の子どもたちの教育のために設立された中華学校には広東語を教育言語として使用していたところも多い。

　しかし、戦後になると北京語に一本化されていった。

　これらの中華学校の創設に関わったのが清朝末期から民国初期に活躍した革命家の孫文や思想家・言論人の梁 啓 超である。あまり知られていないが、彼らはどちらも広東出身で広東語を話す。また、日本に亡命経験があり、日本とゆかりが深い。

　孫文は中国語圏では日本亡命中に名乗っていた「中山」姓にちなんで孫中山と呼ばれることが多い。けれども、欧米ではまたそれとは違う Sun Yat-sen の名で知られる。Yat-sen は彼の号である "逸仙" を広東語読みしたものである。

　海の向こうアメリカで暮らす華人移民や子孫も、祖国の国父とされる孫文が自分たちと同じ広東人ということで親しみを感じ、誇りに思っていたようで、孫文が提唱する三民主義を暗唱させていた中華学校もある。そういえば、ハワイのホノルルで会った華人や華人子孫にどこから来たのか聞くと広東だと答える人が多かったが、口を揃えて祖先は孫文とともに来たと言っていた。孫文は広東省香山県

（今の中山市）の出身だが、10代半ばごろハワイにいた兄を頼って現地の学校に留学したり、後に清朝打倒を目指してハワイで政治結社・興中会を立ち上げたり、ハワイとは何かと縁があるのだ。

孫文の時代はまだ中国には「国語」が普及しておらず、各地で異なる「中国語」が話されていた。孫文は国語の統一を重視していたが、本人にとっての「中国語」は第一に広東語だったようだ。

武上真理子氏の『科学の人・孫文』によると、孫文は西洋の救命救急手引書を中国語に訳した本の訳序において孟子の一節 "惻隠之心、人皆有之"（惻隠の心は人は皆持っている）を引用するとき、"惻隠" を間違って "惻忍" と書いていた。「惻隠」とは哀れみ同情することを表す。

それにしても、"隠" と "忍" を間違えるとはいったいどうしたことか。日本語だとこの2つの字は「隠」と「忍」で、全く別の音だから間違えることはない。北京語でも "隠" と "忍" というように、音が全然違う。だから北京語の発音で『孟子』を暗記していたのなら "惻忍之心" と書くような間違いは起こりえない。ところが、広東語（特に彼の出身地の中山方言）ではこの2つの字は「ヤン」という同じ音である。現に今の香港人でもこのように書き間違える人は多い。広東語で覚えていたから間違えたのだ。

香港のカンフー映画

日本では過去には広東系華人がそれなりにいたのかもしれないが、広東語の存在感を高めるほどではなかった。一

般の日本人が広東語を耳にするようになったのは、時代も
ずっと下って1970年代に人気に火が付いた香港カンフー映
画がきっかけだろう。

　その功労者はもちろんブルース・リーである。ブルー
ス・リーの代表作『燃えよドラゴン』は見たことがなくて
も名前を聞いたことがある人は多いだろう。1973年の公開
時、日本人は香港映画に馴染みがなかったためアメリカ映
画として公開されたのだが、結果、大ヒットし、その後の
香港カンフー映画ブームにつながった記念碑的作品だ。

　ヌンチャクを振り回し「アチョー」という怪鳥音を上げ
るリーのトレードマークが余すところなく出てくる代表作
で、武術大会が行われる孤島でのラストの鏡の間の決闘シ
ーンは印象深い。なお、この作品については日本では英語
版で流通していて、広東語は端役のエキストラや悪役のボ
ス、ハンが話すほんのわずかお飾り程度しか聞こえてこな
い。ちなみに、ハンの声は先述の中華系アメリカ人俳優キ
ー・ルークが英語吹き替えを担当しているので、広東語も
彼の声である。

　ブルース・リーとともに誰もが知る香港のカンフー・ア
クションスターがジャッキー・チェンだ。ジャッキー・チ
ェンの作品は70年代末から流行し出したが、コミカルで子
どもでも楽しめるものだった。映画は地上波テレビでもよ
く放送されたが、テレビでは吹替なので筆者も含め日本語
で見た人がほとんどだろう。それでも、代表作の『ポリ
ス・ストーリー』や『プロジェクトA』などは、本人が歌
った広東語の主題歌が流れる。

　ジャッキー・チェンと『スパルタンX』などの共演作が

図序 - 11　**香港アベニュー・オブ・スターズのブルース・リー像**　著者撮影

図序 - 12　**香港文化博物館のブルース・リー展**
トレードマークのヌンチャクを持つ、著者撮影

多いサモ・ハン・キンポー、ユン・ピョウも日本で高い人気を得た。彼らのスピード感のある体を張ったアクションに感化された人は筆者の同世代に山ほどいる。3人は1984年に来日し武道館でコンサートを開いたが、当時、日本では歌も歌うアイドル的な扱いだった。

香港スターの日本語での呼び名

　ブルース・リーの名前を「ブルー・スリー」だと勘違いしていた人はきっと筆者だけではないだろう。恥ずかしながら、ブルースという英語名に、リーという苗字だというように分析できるようになったのは随分後のこと。何しろ、華人名は我々には馴染みがない。

　ブルース・リーの名前は漢字では"李小龍"と書き、彼の母語の広東語で読むとレイ・スィウロンとなる。姓の"李"の広東語読みがレイなのに日本語読みではリーになっているのは、英語綴りが Lee だからだ。英語名が Lee（リー）となっているのは、かつての広東語の発音では実際に"李"は「リー」と呼んでいたのを留めているからだろう。19世紀に広州広東語の母音はいくつか音変化を起こしたのだが、その1つに [i]（イー）から [ei]（エイ）への変化がある。それで「リー」が「レイ」になったわけだ。

　ちなみに、オイスターソースなどの中華調味料で有名な香港の会社「李錦記」も今の香港の広東語では「レイカムケイ」と読むが、英語名を見ると Lee Kum Kee（リーカムキー）であり、"李"の字が Lee（リー）となっているほか、"記"の字も Kee（キー）と綴られている。

　この会社は1888年に広東省出身の李錦裳氏が創業したも

のだ。"記"は広東語で人や店、組織の省略名の後に付けられる接尾辞である。広東語圏以外にも広がっていて、お店の屋号に"～記"と付いているのをよく見かける。

　ジャッキー・チェンの日本語の呼び方も、耳で聞き覚えたせいか、日本では「ジャッキー・チェーン」と思っている人がかなりいる。「チェン」は英語スペリングを見るとChanで、日本で活躍する香港出身タレントのアグネス・チャンの「チャン」と同じ、つまり、"陳"の広東語読みだ。ジャッキー・チェンの本名は陳港生である。ただ、「チャン」だと日本語では「～ちゃん」と同じ発音で、可愛らしく聞こえてしまうのを避けて「チェン」とされたという。

　香港スターの日本語での呼び方は、英語名を日本語のカナで写しとっているのだが、カナ転写には統一的な基準がない。だから、なぜそういう日本語表記になっているのかよくわからないものが多い。それに、そもそも英語名も漢字名の広東語読みに基づくのかどうか不明だし、人によっては芸名または本名、あるいはあだ名を英語名にしている。だから、二重三重にわけがわからない。それに、ジャッキー・チェンなどは、広東語で言うときは"成龍"（センロン）といい、英語名のJackie Chanとはまた全然違っている。

　広東語で話すときは漢字名を広東語読みすればいいだけなのでシンプルだが、日本語では香港スターの名前は日本での慣例に従って呼ぶことにしよう。

　懐かしの香港コメディ

　香港映画と言えばカンフーが断然有名だが、そのほかにコメディのジャンルでもいくつかの作品が日本で広く人気を集めた。

　1つはマイケル・ホイのMr.boo！シリーズだ。『Mr.Boo！ミスター・ブー』(1976) は、ケチな探偵会社の社長（マイケル・ホイ）とカンフーが得意なイケメン新入社員キット（サミュエル・ホイ）たちが繰り広げる昭和テイストな社会風刺のドタバタコメディだ。今となっては1970年代の香港の街や行きかう人々の映像が貴重で懐かしい。この作品も地上波の映画放映番組で、広川太一郎やビートたけしの吹き替えでよく見られていたが、冒頭で流れる主題歌は広東語で歌われている。サミュエル・ホイが歌うこの歌については後に第3章でも触れる。

　もう1つはコメディとは言えないかもしれないが、一風変わったチャイニーズ・テイストのコミカルなアクションホラーとして人気になった『霊幻道士』(1985) とその後続のシリーズである。清朝役人のコスチュームをまとった「キョンシー」という埋葬前の硬直した死体が不気味な動きで人に襲い掛かるのだが、お札を貼り付けると動きが止められる。

　当時、筆者の周りでも両手を前に伸ばしてピョンピョン飛び跳ねるキョンシーの真似が流行った。だが、キョンシーという単語が実は広東語 "僵屍"「硬直した死体」だということに気づいたのは広東語を学び始めてかなり経ってからのことだ。

　おおむねこれらの1970年代末〜80年代の香港映画が一般の日本人にも知られた作品だろう。中には筆者のように他

のジャンルの香港映画にも手を伸ばし、のめり込んでいく人も一部に出てくるが、この後の時期は日本で幅広く人気を博した作品というのはなかなかない。

そんな中、2001年の『少林サッカー』というスポーツ・コメディは、翌年の日韓共同開催のFIFAワールドカップ時に日本公開を迎えたタイミングの良さも手伝い、一般にもよく知られる作品となった。かつて少林寺拳法の使い手だが今ではパッとしないルーザーたちを寄せ集めたサッカー素人チームが、練習試合を重ねるうちに目覚め、それぞれ得意の拳法技を生かしたありえない動きでサッカーの全国大会を勝ち進むというわかりやすく痛快なストーリーだ。地上波の映画放映番組でも何度も再放送されてきたので、知っている人も多いだろう。

主演・監督を務めるチャウ・シンチーはブルース・リーの信奉者でもあり、地元の香港では昔からコメディ映画の帝王として不動の人気を持つ。だが、ローカルテイストの広東語のギャグは翻訳では伝わりづらく、笑いのツボも日本人とは違うため、日本でヒットしたものがそれ以前にはなかった。

香港の3人に1人が訪日

日本の中で広東語を聞く機会と言えば、従来はこうした香港映画の中でというのが中心だったが、ここへきて生の広東語を聞く機会も増えている。

というのは、香港から毎年たくさんの観光客が日本を訪れているからだ。訪日客の内訳で中国、韓国、台湾に次いで例年4位（全体の7〜8％）の座を占め続けているのが

香港だ。４位と言っても、香港の人口は他と比べて圧倒的に少ない約730万なので、その多さがうかがわれる。

コロナ禍前の2019年にはのべ229万人が日本を訪れたというから、だいたい３人に１人の計算だ。何といってもリピーターが多い。

確かに香港の人に聞いてみても、日本に２度３度行ったことがあるという人が結構いる。東京、京都以外に、九州や北海道と行き先も多様化している。

筆者が13年住んでいた北海道も、香港人観光客に人気の目的地の１つになっている。香港にはない温泉、雪、そして北海道の強みである食材が引き付けるのだろう。

おかげで札幌中心部で香港人観光客が広東語でおしゃべりしているのを普段よく耳にした。自宅近くのスーパーで買い物をしていると、土産用と思しき日本の食品を物色する人の姿を時々見かけた。札幌の中心部から離れたスキー場などでも広東語が聞こえてくるので、こんなところにまでとびっくりすることもあった。

それで、香港では大人気の日本のことを近年 "我郷下"「わが故郷」と呼び、日本に行くことを "返郷下"「故郷に帰る」などと言う。

日本人は1970年代半ばから80年代にかけて香港カンフー映画に親しんだが、実は香港人のほうも多くの人が日本のテレビドラマを見て日本文化に馴染んでいる。それぞれの世代で思い出の作品は違うが、70年代に香港で放送された『姿三四郎』（竹脇無我・主演）、『サインはV』、90年代〜2000年代に放送された『東京ラブストーリー』、『ロングバケーション』、そして近年は韓国ドラマに押されがちだが

それでも『半沢直樹』などはよく知られる。

　他方、香港の人が日本という国に対して抱く感情はよいものばかりではない。日本が侵略した中国大陸の出身者が親や祖父母の代にいる。また、あまり一般知識として知られていないが、香港自体も1941年12月から終戦までの間、日本による占領を経験している。

　そういったこともあるので、日本に来る観光客をおもてなしするなら我々もぜひ相手の言葉のことはよく知っておきたい。

　最初に述べたように香港は広東語の代表地である。香港の大多数の人にとっては広東語が母語だ。香港出身と言ったのに、北京語で話しかけられて微妙な思いをする人も多い。

　ということで、次章では広東語がいったいどんな言葉なのか、その特徴を簡単に紹介することにしよう。

第1章　広東語はどのような言葉か

1　唐代中国語＋東南アジア言語＋西洋の香り

広東語の輪郭

　広東語がどんな特徴を持った言葉なのか、輪郭をたとえるなら古えの唐代の中国語と東南アジア言語の混合体の最上層に、西洋文化の香りがまぶされているというように形容できる。

　広東語を含む中国語では、チャイナタウンのことを"唐人街"「唐人の街」という。唐の時代が中国文化を代表するかのような言い方なのだが、これはあと（57頁）に述べる理由から、とりわけ広東語にはしっくりくる。ほかにも"唐話"「中国語（広東語、特に台山広東語）」、"唐餐"「中華料理」のように、海外に移民した老華僑の広東語の言い方によく"唐"の字が冠せられる。

　ブルース・リーの代表作の1つ『ドラゴン危機一発』の原題は《唐山大兄》というが、その"唐山"も華僑が祖国を指すときの言い方だ。20世紀初め、清朝末期の大知識人、梁啓超が『中国史叙論』（1901）で嘆いていたように、中国には国の名前がなく、代わりに自分たちのことを漢人だとか唐人だとか、王朝名にちなんだ名乗りをしていたのだ。

　それはともかく、広東語は唐宋代に今の広東語につながる原形が形成されたと言われる。

一方、広東語が話される広東・広西両省は地理的に中国で最も南に位置するだけに、一皮むけば、東南アジアの雰囲気が濃厚だ。香港や広州を歩くと、ヤシの木の生い茂る街路や、建物１階の歩道に面した部分が日差しや雨除けのアーケードになった騎楼が見られ、亜熱帯地域にいることを実感する。街を歩く人々の背格好や顔立ち、肌の色も北京や東北の人たちとは違って、東南アジアの人々に近い。食べ物や伝統的風習、それに言葉の面でも東南アジアと地続き感がある。

　そして、広東語について特筆すべきもう１つの特徴は、上澄みにある西洋文化の香りだ。元来、広東省は長い沿海部を持ち、異国へのアクセスに恵まれていたし、清朝で外国に開かれた唯一の貿易港だったカントンこと広州は、外国からの商人や宣教師たちが出入りし、西洋との往来が中国の中でもとりわけ多かった。19世紀半ばに香港がイギリス統治下で開港してからは、香港を通して西洋の彩りが強くなる。また、海外の広東系華僑たちも故郷の西洋文化を随時持ち帰ってきた。

　こうした歴史的・地理的背景が、広東語という言葉の輪郭を形作っている。

東南アジア的なメロディー

　広東語は音の響きというかメロディーが何となく東南アジア的だ。タイ語とかベトナム語の雰囲気に似ている。広東語も北京語もどちらも全く知らない人でも、しばらく両者を聞き比べていると、はっきり違いがわかるようになる。

　東南アジア的な響きを生み出す発音の仕組みを見てみよ

う。

　広東語では、音の基本単位である音節は、子音と母音とそれに声調（後述）という3つのパーツを組み合わせて構成される。

$$音節 = \frac{声調}{子音 \mid 母音}$$

　漢字1文字は音節1つ分に当たる。このあたりは北京語と同じである。

　広東語は日本語と違って1つ1つの単語が短く、1音節のものがたくさんある。例えば、「よい」という意味の形容詞 "好" hou² は子音が h-、母音が -ou、声調が第2声から成る。

　ここでいう「子音」は音節初頭に現れる頭子音のことで、より正確には「声母」と呼ばれる。次に、「母音」の部分は正確には「韻母」と呼ばれる。詩や歌で韻を揃えるときの単位だ。

　そして、「子音＋母音」の組み合わせの上にかぶさる音調パターンのことを「声調」といい、高さや形が異なる数種類に分けられる。広東語には6種類の音調パターン、すなわち声調がある。声調は北京語にもあるが、種類が4つしかない。音調の高さや形も広東語のとは全く違うし、声調が付かない音節もある。その点、広東語はどの音節にも必ず声調がかぶさってくる。なので、メロディーがはっきりしているのだ。と言ってもイメージしにくいと思うので、実際に6種類の声調を、子音 s-、母音 -i を組み合わせた si

49

を例に見ていきたい。si は英語の ABC の C のように発音する。

　五線譜の上に矢印が描かれた図1‐1を参照しながら声を出してみよう。

　まず、第1声の声調を出すには si を高い音で真っすぐ伸ばして発音する。例えば、"詩"という語はこの si^1 という発音を持つ。ローマ字の右上に付けた数字が声調番号を表す。次に第2声。si を何か不思議なことに気づいたときに言う「あれ？」「おや？」のような感じで下から上に持ち上げる。例えば"史"は si^2 と発音される。次に第3声は中ぐらいの普通の声の高さで真っすぐ si と言う。例えば動詞"試"（試す）がこの発音だ。

　ここから先は低い音域になる。

　第4声はがっかりして低い声でため息をつく「はぁ」の感じ。最初から低い声をさらに低く沈み込ませるような感じで発音する。例えば"時"は si^4 と発音される。続いて第5声。si を気のない「ふ〜ん」「へ〜え」のように緩やかに上げよう。例には"市"がある。最後の第6声は中ぐらいよりはやや少し低いところで真っすぐ伸ばす。言葉が出ず言いよどむとき、「それでは、えー、本日は…」の「えー」のような感じで si を言う。例えば"事"は si^6 という発音だ。

　このように si は6通りの声調で発音され、それぞれ単語が違ってくる。声調を取り違えて発音すると、子音や母音を取り違えるのと同じぐらい通じなくなってしまうのだ。

　初めて広東語を知った日本人は、日本語にはない仕組みなので、各声調の微妙すぎる違いに苦笑する。本当に全部

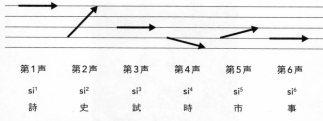

図1-1　広東語の6つの声調

区別しているのかと疑われることもある。

　確かに単独では区別が難しい。けれども、違う声調の音節をつなげれば相対的な高さの違いがわかる。例えば、"時事"（si⁴si⁶）、"私事"（si¹si⁶）、"史詩"（si²si¹）「叙事詩」を発音して、コツをつかもう。

　それにしても、これほど微妙な音調の違いを発音し分けられるとは、広東語のネイティブはさぞかし音感がいいのだろうと思うかもしれないが、そんなことはない。オンチの人もたくさんいる。

　けれども、広東語の声調には確かに音楽に似たところもある。それについては第3章で触れよう。

「イップ・マン」の「プ」

　先述のように香港映画と言えばカンフー映画が有名だ。近年の世界的なヒット作には『イップ・マン』シリーズがある。19世紀末の清朝末期、広東省仏山に生まれた実在の武術家で詠春拳（Wing Chun）（"詠春" Wing⁶ chön¹）の名手、葉問を描いたものだ。ブルース・リーの師匠としても知られる人物を、中国武術の名手でもあるドニー・イェン

図1-2 『イップ・マン 序章』(2008)

が演じている。毎回、空手やボクシングなどを得意とする外国人が敵役となり、それを中国武術で倒すという愛国主義的風合いの作品だ。

タイトルの「イップ・マン」は、主人公の名前"葉問"を広東語読みしたものだ。ただ、残念ながら日本語のカナ通りに読んでもネイティブにはまず通じない。そもそもカナ書きでは"葉"と"問"の声調（ともに第6声）が抜け落ちてしまっているが、それ以外にも問題がある。

"葉"（yip⁶）の発音は、カナでは「イップ」と書いてあるが、「プ」の部分は口の構えだけで、実際には音を出してはいけない。唇を閉じたところで寸止めにするのだ。

以下、カナ書きで表す場合は、口の構えだけして音を出さない部分を小さくして「イッㇷ゚」のようにする。

同じように口の構えだけして音を出さない音が広東語に

はいくつかある。数字の"七"（chat[1]）「チャット」、"六"（luk[6]）「ロック」は、小さいカタカナ「ト」、「ク」の部分は音を出す準備だけして止め、実際には発音しない。

　このように音節の最後に -p（ッブ）や -t（ット）や -k（ック）という末子音が来る場合は、日本語の促音のような跳ねて詰まった発音になる。それが、広東語特有の歯切れ良いリズムをもたらしている。

　ちなみに、こういう発音は北京語にはない。北京語ではこれらは"葉"「イエ」、"七"「チー」、"六"「リョウ」というなだらかな発音となり、広東語と聞いた感じが全然違う。

　むしろ、タイ語やベトナム語など東南アジアの言語のほうが、広東語と同じような促音の発音が豊富にあって似ている。例えば、タイ料理の定番メニューでタイ風焼きそばのパッタイで出てくるタイ語の「炒める」（ローマ字表記では phat）という意味の動詞「パット」がそうである。

　もう1つ、「イップ・マン」の「プ」同様、口の構えだけしてカタカナ通りに読んではいけない発音がある。"飲茶" yam[2]cha[4]「ヤムチャ」の"飲"「ヤム」の「ム」だ。ローマ字表記で言えば -m だ。これも「ム」を言うつもりで口の構えだけして止めておく。つまり、唇を閉じて「ン」という。飲茶で出てくる"點心" dim[2]sam[1]「ティムサム」の2つの「ム」も同様である。

　こういう音節末尾に -m「ム」が来る発音もまた北京語にはなく、むしろ東南アジアの言語にこれと同じ発音を持つものが多い。例えば、タイ語がそうで、代表的なタイ料理にトムヤムクン（tôm yam kûng）という辛く酸っぱいス

ープがあるが、その最初の2つ tôm「煮る」、yam「混ぜ
る」の末尾の -m が「ム」という発音だ。本書の書き方に
すれば「トムヤムクン」といった感じになるだろう。

このように、音節の仕組み、特に音節末子音に関しては、
広東語は北京語よりも東南アジア言語との地続き感が強い。

日本語との深いつながり

広東語の発音は東南アジア風なところが多いが、もう一
方で実は我々の話す日本語とも切っても切れない深いつな
がりがある。

どういうことか。日本語と広東語は親戚関係にはないし、
発音の仕組みも全く違う。だが、一部の漢字の読み方に関
して、まるで姉妹言語のような類似性を示すのだ。それは
すぐ前で述べた広東語で口の構えだけする、「ッ」と詰ま
った発音を持つ漢字のことである。

具体的に見よう。

まず1つ目に、広東語で -k「ック」と読む漢字は、日
本語の音読みでは「－ク (ku)」か「－キ (ki)」となる。

例を挙げよう。先に挙げた数字の "六" luk[6]「ロック」
の字は日本語では「ロク」だから確かに「－ク (ku)」で
終わっている。というか、全体的に発音が似ている。また、
"敵" dik[6]「テック」は日本語の音読みでは「テキ」と読
むから、「－キ (ki)」で終わっている。

次に、2つ目として、広東語で -t「ット」と読む漢字は、
日本語の音読みでは「－ツ (tu)」か「－チ (ti)」となる。

確かめてみよう。"室" sat[1]「サット」の字は日本語で
は「シツ」と読むから確かに「－ツ (-tu)」で終わる。ま

54

た、"八" baat³「パーット」は日本語の音読みでは「ハチ」と読み、「－チ (ti)」で終わっている。

このように、広東語と日本語の漢字音にはとても規則的な対応関係があるのだ。

そこで、クイズを少々。次の漢字の広東語の発音は①〜④のどれだろう。（　　）内の日本語の漢字音をヒントに考えよう。

密（ミツ）、石（セキ、シャク）、吉（キチ、キツ）、読（ドク）
① duk⁶　② sek⁶　③ mat⁶　④ gat¹

（答えは章末91頁に）

最後にもう1つ対応規則があるのだが、これは一見しただけではわからない。また、規則から外れる例も所々あるので、実感としては類似性が感じにくいかもしれない。

それは、広東語で -p「ップ」と読む漢字は日本語の音読みでは「－フ」となるという規則だ。ただし、旧仮名遣いの「－フ」である。残念ながら我々のほとんどは現代仮名遣いに馴染んでいるので、漢和辞典で調べないとわからない。

例えば、「イップ・マン」の「イップ」"葉" yip⁶は現代仮名遣いでは「ヨウ」だが旧仮名遣いでは「エフ」なので「－フ」で終わっている。"蝶" dip⁶は現代仮名遣いは「チョウ」であるが、旧仮名遣いは「テフ」である。「蝶々」が古くは「テフテフ」と書かれることはご存じの方もおられるだろう。

それにしても、どうして広東語と日本語にこんな規則的

なつながりがあるのだろうか。

　周知のように、我々の日本語は古えの中国から漢字という文字を取り入れ、自分たちの言語の表記に用いるようになった。それとともに字音も取り入れた。日本語の漢字の音読みは、そのときの中国の漢字の読み方が日本語の発音の仕組みに合うよう改変されたものだ。というのは、中国語と日本語とは発音の仕組みが違う。現代でも英語など外国語の語を外来語として取り入れるときに、発音を日本語風に改変しているのと同じだ。

　もっとも、中国伝来の日本語漢字音は伝わった時期や地域によって層が異なる。5〜7世紀ごろに伝わった中国江南地域由来の呉音と、その後9世紀ごろまでに伝わった隋唐の都・長安由来の漢音の2つが主要な層だ。例えば「音」という字は呉音ではオン、漢音ではインと読む。

　いずれの層にせよ、日本語の漢字音は、伝来時の中国の漢字音を写しとった結果だ。いくらか改変されてはいるが、大量に取り入れているので、音の写し方には一定の規則性が見られる。

　呉音にせよ漢音にせよ、漢字が日本に伝来した時期の中国語（中古漢語）には、今の広東語のように音節末に -t、-k、-p という子音があった。だが、日本語は古代から現在まで、音節の最後が母音で終わるという特徴があり、-t、-k、-p といった子音では終われない。そこで、日本語風になる中で後ろに母音が入れられた。

　その結果、-t は「－ツ (tu)」または「－チ (ti)」に、-k は「－ク (ku)」または「－キ (ki)」になり、日本語の漢字音として定着していった。また、-p は「－フ」という表

記で写しとられたが、当時の日本語の「フ」は実際には「プ」のような発音だった。それが後に様々な変遷を経て、現代仮名遣いで「－ウ」になったのだ。

　一方、広東語は中古漢語の音節末 -p、-t、-k をそっくりそのまま現代まで保存している。

　こういうわけで、広東語と日本語の漢字音には、あたかも姉妹言語のようなつながりがあるのだ。

漢詩は広東語音で読むべし

　母語への愛着が強い広東語ネイティブが、決まって自慢するネタが1つある。広東語は漢詩の朗読に最適だということだ。

　漢詩と言えば、我々がよく知る代表的な作品は李白や杜甫などの唐代のものが多い。これらは北京語よりも広東語の発音で読むほうが断然いいというのだ。

　唐代に黄金期を迎えた漢詩は、押韻という韻を揃える技法が随所に用いられる。先述のように、広東語は韻の末尾に関しては隋唐代の中国語（中古漢語）の特徴をよく保存している。イップ・マンの「プ」やヤムチャの「ム」のような、口の構えだけで止めておく発音は、唐代の中国語由来の「由緒正しい」発音なのだが、北京語では失われてしまった。

　そして何より、すぐあとに述べるように、漢詩では「平仄」を合わせることが大事だが、これは広東語で読むのが最もしっくりくる。

　というわけで、唐詩の雰囲気を味わうには広東語で読むのが適している。まさに“唐話”と呼ばれる広東語の面目

躍如だ。

　せっかくなので、広東語で李白の七言絶句「早發白帝城」（早に白帝城を発す）の詩を読んでみよう。"間" "還" "山" の字が韻を踏んでいる。

Zhou²	faat³	baak⁶	dai³	sing⁴		
《早	發	白	帝	城》		
zhiu¹	chi⁴	baak⁶	dai³	choi²	wan⁴	gaan¹
朝	辭	白	帝	彩	雲	間
chin¹	lei⁵	gong¹	ling⁴	yat¹	yat⁶	waan⁴
千	里	江	陵	一	日	還
löng⁵	ngon⁶	yün⁴	sing¹	tai⁴	bat¹	zhü⁶
兩	岸	猿	聲	啼	不	住
hing¹	zhau¹	yi⁵	gwo³	maan⁶	chung⁴	saan¹
輕	舟	已	過	萬	重	山

「平仄」が合う

　漢詩は日本では中学・高校の国語の漢文の授業の中でいくつか習う。上記の詩も「朝に辞す白帝彩雲の間」のように日本語として読むわけだ。古来、日本人は古代中国語の書き言葉である漢文を、原文に返り点や送り仮名などの符号を付けて日本語として読む技術を使ってきた。中国語そのものを習うことなく日本語で全部読むというのだから、これは考えてみるととてつもない離れ業だ。

　今でもこの技法を使ってよその国の古典を鑑賞していること自体、奇特なことだと思うが、漢詩は創作するほうでも引き続き教養として行われているので驚く。大学の授業

やカルチャーセンターなどで漢詩創作が教えられているが、これも日本語だけでこなすのだ。

ただ、漢詩を作るには平仄というものを知らなければならないので少々厄介だ。平仄については日常語として「平仄が合わない」とか「平仄を合わせる」と言ったりするが、そのときの平仄は辻褄、条理といった意味だ。

漢詩で言う平仄とは中古漢語の声調の2分類のことを表している。当時の中国語も声調があり、種類は全部で4つ、名前は「平声、上声、去声、入声」といった。そのうち、平声を「平」、それ以外を「仄」というように2分類した。漢詩を作るときは「平」の声調の漢字と「仄」の声調の漢字とを一定の配列で並べて詩のリズムを整える決まりがあった。

広東語で漢詩を朗読する利点は、平仄がよく合うことにある。詳細は専門的になるので省くが、中古漢語の4つの声調と、現代の広東語の声調との間にかなり規則的な対応関係があるのだ。だから、広東語で漢詩を読めば、往時の平仄のリズムが体感できてしっくりくる。

それに、広東語の漢字の読み方を知っていると、「平」の漢字なのか「仄」の漢字なのか、比較的簡単に推測できるから、漢詩を作るのにも役立つ。

北京語ではこうはいかない。声調についても古えの中国語の4つの声調との対応関係が失われたからだ。ゆえに、広東語のネイティブは広東語の声調のことを決まって誇らしげに語る。

それと関連して言えば、ネイティブはよく広東語は声調が9つあると言うことがある。先に6つだと述べたが、単

なる数え方の問題で実質的には増えていないのでご安心を。

　9つの声調というのは、-p「ップ」、-t「ット」、-k「ッ
ク」という詰まった発音の音節を特別扱いして、既存の第
1声～第6声の中に含めない数え方をするからだ。これら
の音節は、例えば"一"yat[1]「ヤット」、"百"baak[3]「パー
ック」、"十"sap[6]「サップ」のように、必ず第1声、第3
声、第6声のうちのどれかの声調を持つ。それを、それぞ
れ第7声、第8声、第9声と見なす。つまり、"一"は
yat[7]、"百"はbaak[8]、"十"はsap[9]と見なす。すると、3
つ増えて合計9つの声調となるわけだ。これら3つの声調
は中古漢語の入声由来だから、それに倣って"入声"と呼
ばれたりする。

　9声調という数え方は、古えの中国語からの歴史的変遷
を考えたり、他の中国語方言と比較したりするときに役に
立つ。けれども、現代広東語のことだけを考えるなら6つ
の声調で十分だ。

古風な語彙

　古風と言えば、広東語は語彙にも古風なところがある。
昔の中国語で使っていたけれども、今の北京語などでは
使われなくなってしまった歴史ある単語が日々、日常会話
で使われるのだ。

　動詞で言えば"食"、"飲"がその代表だ。どういう意味
か日本人にはすぐわかる。"飲茶"（ヤムチャ）は再三触れ
てきた料理ジャンルとしての意味もあるが、本来は文字通
り「お茶を飲む」の意だ。"食飯"は「ご飯を食べる、食
事をする」。とてもわかりやすい。ちなみに、北京語では

「食べる」は "吃"、「飲む」は "喝" と言う。

　ほかにも、"面"（顔）、"頸"（首）、"着"（着る）、"行"（歩く）などは昔風の単語で、北京語では使わないが、広東語では今も常用語だ。

　"幾時返？"「いつ帰る？」という表現は、広東語ではごく普通のくだけた表現だが、北京語ネイティブには随分古風に響くらしい。"幾時" は広東語では「いつ」という意味の疑問詞だ。北宋時代の詩人、蘇 軾によって中秋の名月が歌われた宋詞『水調歌頭』の冒頭の一句 "明月幾時有？"「明月幾時よりか有る」（明るいお月様はいつからあるのか）にも出てくる古い言い方だ。

造字と当て字

　広東語の語彙には中国の古典に出てくるような古風な語がある一方で、語源がはっきりしない語がたくさんある。発音と意味の両方から見てこれこそが語源だというようなぴったりした語を古典の文献や辞書の中から探し当てられないのだ。

　だから漢字でどう書けばいいのかわからない。それでもやはり漢字を使う民族だから、何とかして漢字で書いて表したい。そこで、発音が同じか近い字を当てる方法が採られる。例えば「今、現在」という意味を表す yi⁴ga¹ は "而家" と書かれるが「家」とは関係がない。また、「おしゃべりする」という意味の動詞 king¹ は "傾" と書かれるが「傾ける」とは関係がない。香港ドルの1ドルのことを "1 蚊" というように書くことがあるが、ここの "蚊" man¹ はもちろん「蚊」とは関係がない。音が同じ漢

字を当てているだけだが、虫の字を当てるのはさすがにどうかとも思う。

このように、既存の字を使って当て字をするほか、広東語専用に作られた漢字を使うことも多い。例えば、"攞"「手に取る、持つ」とか"啱"「正しい、ぴったり合っている」といった造字がある。

こうした造字は、漢字の部首を見れば何に関するものなのかわかることがある。部首というのは漢字の表す意味内容の分類を表している。例えば、「氵」は水や水の流れに関連する意味、「言」は言葉や話すことに関連する意味、「月（肉月）」は身体に関連する意味を表す。こういう漢字の原理は漢字を使う私たち日本人にもお馴染みだ。

ということで、またクイズを出そう。以下の広東語の単語を表す漢字は①〜⑥のうちのどの意味を表すか、部首をヒントに選択肢から選んでみよう。

"餸"、"脷"、"燶"、"瞓"、"踎"、"掹"

①寝る　②おかず、料理　③しゃがむ　④焦げる　⑤引っ張る　⑥舌

（答えは章末91頁に）

後に第3章で述べるように、中国では20世紀初めまで、正式な文章はずっと古代中国語による文語文、つまり日本でいう「漢文」で書かれていた。そんな中、広東地方では民衆の間で、話し言葉の広東語をそのまま文字にして書くことも盛んに行われていた。遅くとも明代末期には講唱文

学作品（語りと歌を交えた作品）などで広東語の話し言葉
の文字化が始まっていて、そこで当て字や造字が使われ出
した。

　序章で触れた北米の初期の華人移民向けの会話指南書
（図序 - 8）ももう1度見てみよう。英会話文の上にある
中国語訳文には、文語的な単語とともに広東語特有の漢字
で書かれた単語がたくさん見られる。

タイ系言語と共通の語彙

　広東語で古典の中国語文献に由来がたどれない謎の単語
の中には、中国語（漢語）ではなくむしろ広東・広西近隣
に居住する少数民族の言語と語源が共通するものがある。

　例えば「これ」という意味の指示詞の"呢"ni^1。チワ
ン族、トン族などの言語に意味と発音が似た単語がある。
"揹"me^1「背負う」、"冚"kam^2「蓋をする、覆う」とい
った語もチワン語などと共通するとされる。

　どうして少数民族と共通する単語があるかというと、こ
れもまた広東語の歴史と関係している。

　現在、広東語が話される広東・広西チワン族自治区とい
った地域は、実は古代には漢族はおらず、タイ・カダイ語
族の言語を話す民族が居住していた。この語族にはチワン
語、トン語といった中国少数民族の言語や東南アジアのタ
イ王国のタイ語などが属す。

　漢族が初めて大規模にこの地にやってきたのは中国の北
方で秦の王朝が起こってからのことだ。その後、断続的に
北方にいた漢族が南下し移住してきて、広東の地に漢語を
持ち込んだ。広東語はこうした漢語とタイ系などの異民族

の言語との融合と接触を経て形成されてきたというのが定説だ（第5章も参照）。

　そう考えれば広東語が東南アジア的な色彩が濃いことも合点が行く。

外来語が多い

　そして広東語の歴史の中で近代に特徴的なのが西洋からの影響だ。広州や香港は西洋との接触が密接だったことから、広東語には外来語がたくさんある。中でも英語由来が多い。

　古くから使われて定着しているものは漢字で書かれる。これも発音が近い字を当てているだけなので意味は関係がない。

　例えば、タクシーは"的士"dik^{1}si^2（テックスィー）（taxi）（図1‐3）と書かれる。バスは"巴士"ba^{1}si^2（バースィー）（bus）、イチゴは"士多啤梨"si^{6}do^{1}be^{1}lei^2（スィートーペーレイ）（strawberry）、チーズは"芝士"zhi^{1}si^2（チースィー）（cheese）と書かれる。

　こんな風に、外来語にはやたらと"士"si^{6}の字がよく使われるのだが、この字は英語の [s] や [z] を表すのに活躍する。

　ところで、上記の例からは"士"の字が第6声と第2声の2通りの発音があるのに気づかれたかもしれない。"士"は本来、第6声なのだが、時々単語によって第2声に読まれることがある。「変調」とか「変音」と呼ばれる不規則な字音変化だ。

　"忌廉"gei^{6}lim^{1}というのも外来語だが、何かわかるだろ

図1‐3　タクシーは"的士"　著者所蔵

うか。何となく忌まわしい感じがするが「クリーム」
(cream) の音訳だ。"忌廉蛋糕"(cream cake) は日本語で
言えばショートケーキに当たる。生クリームたっぷりのケー
キといったところだが、漢字で書かれるとあまり食べた
い気がしない。"蛋糕"は「ケーキ」でこちらは外来語で
はない。"蛋"は「虫」の字が入っていて何となく敬遠し
たいが「卵」のことで、"糕"は粉を蒸し固めたお菓子の
総称である。

　ちなみに"廉"の字は、もとは第4声 (lim⁴) だがここ
では第1声 (lim¹) で読まれる。これも「変調」の1種で
ある。

"麦当労"「マクドナルド」は広東語経由

　"忌廉"「クリーム」の例のように、漢字という文字は意
味を表してしまうので、漢字がわかる日本人としてはどう

しても意味が気になる。

その点、日本語は音だけを表し意味を表さないカタカナという文字を持っていて便利だ。意味を気にせず、大量に外国語の単語の音を写すことができる。

現代はビジネス、IT関連など外国語由来の新しい単語がどんどん増えている。日本語ではそれらは全部カタカナで音を写して対応する。だが、カタカナのような文字がなく漢字しかない中国語圏では、外来語は意味で翻訳する意訳の方法で取り入れることを好む。例えば、キーボード（keyboard）は"鍵盤"、ダウンロード（download）は"下載"、ウェブページ（web page）は"網頁"となる。

だが、さすがに人名や地名のような固有名詞となると意訳するわけにはいかない。

仕方がないので万葉仮名のように音が近い漢字を当てて音訳する。日本語でイタリアを「伊太利亜」と当て字をしたようなものだ。漢字なので意味が気になってしまうが、そこは目をつぶってここは漢字の音のほうに注目しよう。

例えば、ファストフード店のマクドナルドは中国語圏では"麥當勞"という訳が定着している。大陸では簡体字なので"麦当劳"と書かれる。

問題は発音だ。北京語で読むと「マイタンラオ」なので原音とかなり違う。これは先に香港で定着した音訳が取り入れられたからだ。その証拠に"麥當勞"は広東語読みすれば Mak^{6}dong^{1}lou^4「マックトーンロウ」で、原音 McDonald's に限りなく近い。

このように、同じ漢字でも読み方が大きく異なるので、広東語がメインの香港と、北京語がメインの大陸や台湾と

では、それぞれの言語で読んで原音に近い漢字を当てた音訳が好まれる。なので、特に現代の同時代の人名などについては、同一の名前に対して違う訳し方がされることがよくある。さらに同じ北京語圏なのに大陸と台湾でも訳し方が違うこともあり、香港・大陸・台湾の3地点で全て違うということも珍しくない。

　例えば、元イングランド代表男子サッカー選手のデイビッド・ベッカムは、香港では"碧咸"bik¹haam⁴（ペックハーム）という。広東語の発音特徴をうまく生かした簡潔な音訳だ。一方、"碧咸"は北京語で読むと「ピーシエン」となりベッカムという原音と離れすぎる。大陸や台湾ではもっと音が近い別の漢字が当てられ、大陸は"貝克漢姆"（ペイクーハンムー）、台湾は"貝克漢"（ペイクーハン）と表記される。

　男子テニスのグランドスラム歴代最多回数優勝者のノバク・ジョコビッチも香港では"祖高域"zhou²gou¹wik⁶（チョウコウウェック）とシンプルだが、北京語圏ではもっと文字数が多く、大陸は"德約科維奇"（トーユエクーウェイチー）、台湾は"喬科維奇"（チアオクーウェイチー）となる。

　一方、歴史上の人物のように、訳し方が定着した固有名詞の場合は広東語圏でも北京語圏でも同じ訳し方になる。こういうのは北京語ベースなので、逆に広東語読みすると原音と激しくずれることがある。

　例えば、"林肯"lam⁴hang²（ラムハン）や"邱吉爾"yau¹gat¹yi⁵（ヤウカットイー）は漢字なので一見、「林さん」、「邱さん」のように華人に見えるが、それぞれ、19世紀のアメリカ大統領と20世紀のイギリス首相だ。誰のこ

とかわかるだろうか。

北京語読みするともっと原音に近いのでそれがヒントになる。"林肯"（リンケン）、"邱吉爾"（チォウチーアル）だ。これならわかる。

正解はリンカーンとチャーチル。

北京語経由で定着したため広東語読みすると原音から離れすぎるのだ。「マクドナルド」とはちょうど反対のケースだ。これでは全然音訳になっていないではないかと文句を言いたくなるが、そういうものだから仕方ない。

2　カンフーとヤムチャから学ぶ文法と慣用句

まずは基本から

発音と語彙の特徴がつかめたところで、次に、文法の基本を学ぼう。広東語は発音が難しい分、文法はとっつきやすい。基本を押さえるだけですぐに話せるようになる。

基本の語順は、主語＋動詞＋目的語の SVO で、英語と同じだ。

人称代名詞も覚えよう。１人称「私」は"我"、２人称「あなた」は"你"、そして３人称「彼、彼女」は"佢"。英語の I-me、he-him、she-her のような主格と目的格の語形変化などは一切ない。人称代名詞の複数形は１人称複数「私たち」が"我哋"となり、単数形の後ろに"哋"をつける。他の人称も同じように"哋"を付けるだけで OK。とても簡単だ。

主語＋動詞＋目的語の例文を見よう。参考までに ［　］

に北京語の言い方を入れておく。

　　我飲奶茶。[我喝奶茶。]（私はミルクティーを飲む。）
　　佢食叉燒。[他／她吃叉燒。]（彼／彼女はチャーシューを
　　食べる。）

　　香港式ミルクティー"港式奶茶"は、シルクストッキン
グのような特徴あるフィルターで茶葉をこして入れ、エバ
ミルクを加えたまろやかなミルクティーだ。イギリス式紅
茶が香港で庶民的な飲み物に形を変えて広まり、今では香
港名物になっていて、無形文化遺産にも登録されている。
　　動詞"係"hai⁶は「～である」の意味。"A 係 B"で
「A は B だ」。

　　我係日本人。[我是日本人。]（私は日本人だ。）

　　以上の例からわかるように、動詞のほうにも英語のよう
な「三単現」の -s を付けるといった語形変化はない。主
語は一度出てきてわかっているときは省略されることが多
い。
　　否定するときは動詞の前に否定詞の"唔"m⁴を置く。
これは一般的な否定。文脈によっては習慣や意思の否定に
もなる。

　　我哋唔係香港人。[我們不是香港人。]（私たちは香港人で
　　はない。）
　　我唔飲咖啡。　　[我不喝咖啡。]　　（私はコーヒーを飲

まない。）

　疑問文は動詞または形容詞の肯定形と否定形を並べる。これだけで疑問になる。

　例えば、「ご飯を食べる？」は動詞"食"の肯定と否定を使って次のように言う。

　你食唔食飯？　［你吃飯嗎？］

　返事は述語の肯定と否定をそのまま使う。例えば、この質問に対しては、「はい」なら"食"、「いいえ」なら"唔食"となる。

　Yes「はい」やNo「いいえ」に相当する、一語で回答ができる単語はないので、質問の文をよく聞いておこう。

　疑問詞疑問文は平叙文と同じ語順のまま、聞きたいところに疑問詞を代入するだけでできる。以下の例の"乜嘢"mat¹ye⁵は「何」、"邊度"bin¹dou⁶は「どこ」という疑問詞。"喺"hai²は「～にある」という所在を表す動詞だ。

　你要乜嘢？　　　［你要什麼？］（あなたは何が欲しい？）
　洗手間喺邊度？　［洗手間在哪裡？］（お手洗いはどこにある？）

　これだけでもうかなり文が作れるし、理解できる。

　応用として、飲茶に行って席に着いたときに必ず店員から聞かれる"飲乜嘢茶？"Yam²mat¹ye⁵cha⁴を覚えておこう。「何茶を飲みますか？」の意味なので、プーアルや鉄

観音などお好みのお茶の名前を伝えよう。

修飾語は前に置く

名詞にかかる修飾語（連体修飾語）は名詞よりも前に来る。日本語と同じ語順だ。

香港嘅夜景好靚。［香港的夜景很漂亮。］（香港の夜景はとてもきれいだ。）

"嘅" ge^{3}は日本語の「の」と部分的に似ている。修飾語と名詞の間のつなぎの助詞だ。

上の例の述語 "好靚" のように、形容詞（ここでは "靚"「きれい」）は肯定文においては単独ではなく何らかの程度を表す語句を前に置いて使おう。"好"「とても」という副詞を使うのが一般的だ。"好" hou^{2}はそれ自身、「よい」という形容詞でもある。だから、"好好" といえば「とてもよい」という意味になる。

動詞にかかる修飾語（連用修飾語）も前に置く。以下の例文では "快啲"「さっさと、早く」が "講"「話す」を、"一齊"「一緒に」が "去"「行く」を修飾している。文末の "啦" は「～しよう」という提案の意味になる（後述76頁）。

快啲講！　　［快說！］　　（さっさと言って！）
一齊去啦！　［一起去吧！］（一緒に行こうよ！）

前置詞のフレーズも、動詞にかかる修飾語なので動詞の

前に置く。"喺"はここでは前置詞として「〜で」という意味。"酒店"はホテル、"門口"は入口を指す。

喺酒店門口等。［在酒店門口等。］（ホテルの入り口で待つ。）

活躍する量詞

広東語はものの個数や動作の回数を数える単位である量詞が活躍する。これは日本語で「〜冊、〜本、〜枚、〜回」といった助数詞に当たる。

冊子状のものは広東語では"本"という量詞で数える。さしずめ日本語の「〜冊」に当たる。一方、名詞の「本、書物」のことは広東語では"書"という。少し紛らわしいかもしれないが、「1冊の本、本1冊」は"一本書"と言う。

ちなみに、数字の2は量詞の前では"二"の代わりに"兩"を使う。したがって、「2冊の本、本2冊」は"兩本書"という。"兩"は「両」という漢字と同じで、日本語で「（ご）両名、（ご）両人」というときの「両」が表す「2」の意味と通じる。広東語では「二人」は"兩個人"という。"人"「人、人間」も、リンゴやミカンと同じように"個"という量詞を使って数えるので、日本語の感覚からすると何となく不思議だ。

もっとも、人間には"位"「〜名様」というように敬意を込めて数える量詞もある。

レストランに入ると入り口で"幾（多）位？"gei^2（do^1）wai^2「何名様？」という風に必ず聞かれるので、二

72

人なら“兩位”löng⁵wai²または“兩個”löng⁵go³と返事しよう。席に案内してくれる。

　飲茶は朝から昼過ぎまででき、家族や親戚の団欒、友達との集まり、同僚や仕事相手との会食など用途が広い。今度、飲茶に行こう、飲茶をおごるよ、というのは社交上の決まり文句だ。ぜひ、大勢で行って、色々な種類の点心を楽しもう。

　量詞に話を戻そう。ほかにも日本語と同様、容器を単位に使って数える量詞もある。例えばコップや湯飲み1杯分のお茶はそのまま“一杯茶”「お茶1杯」という。

　広東語の量詞は数えるとき以外にも活躍するところが日本語と違う。指示詞と組み合わせて「これ」とか「この～」というときも量詞が必要だ。例えば“呢”ni¹は「この」で近くを指す指示詞、“衫”saam¹は「服」のことで、日本語や英語の感覚では“呢衫”と言えそうな感じがするが、広東語ではそういう言い方はしない。指示詞と名詞をつなぐ位置に量詞“件”gin⁶を入れなければならない。ということで、“呢件衫”ni¹gin⁶saam¹で「この服」となる。文脈からわかっていれば名詞“衫”のほうは省略してもいい。例えば、“我要呢件”「私はこれが欲しい」のように言えば“呢件”「これ」は服を指している。

　広東語の量詞はさらに色々と活躍する。

　指示詞がなく量詞だけが名詞の前に置かれて、文脈や状況から特定できる対象を指す用法がある。

　件衫係我嘅。〔那件衣服是我的。〕（〔その〕服は私のです。）

また、所有を表す場合に、所有者と物の間に量詞が使われるのも広東語に特徴的な用法だ。例えば"我件衫"は「私の服」という意味だ。

　その関連で、広東語らしい中洋折衷の慣用句を１つ紹介しよう。

　"我杯茶" ngo⁵bui¹cha⁴は文字通りには「私のお茶」という意味だ。だが、「私の好みのもの・タイプ」という派生的な意味もある。"我"のところには他の人称代名詞も来ることができる。

　しかし、「私のお茶」のどこからそういう派生義が出て来たのだろう。

　これは紅茶にこだわりを持つ英国文化を下敷きにした英語のイディオム one's cup of tea（「～の（飲む）紅茶」転じて「～の好きなもの、好み」）が香港の広東語に上手に意訳されたものだ。"～唔係我杯茶"（～は私の好みではない。）というように否定形でよく使われ、気に入らない、好きではないものをスマートに伝えられる。

　広東語の"茶"の文化はなかなか奥深い。広東式飲茶だけでなく英国風紅茶も意味するのだ。

動詞の後ろも気を抜かない

　広東語の文法の特徴は動詞の後ろに色々バラエティのある助詞が出てくることだ。動詞の後ろもなかなか気が抜けない。

　３つ紹介しよう。どれも動詞の直後、目的語の前に置く。まず最初は"咗" zho²。「～した」という完了を表す。

"睇" tai^{2}は「見る」という動詞。

　　我最近睇咗《葉問2》。［我最近看了《葉問2》。］（私は
　　最近『イップ・マン　葉問』を見た。）

　もう1つよく使われて便利なのが「～したことがある」
の"過"gwo^3。「経過する、通過する」ということから転
じて経験の意味が生じたと見られる。

　　佢去過夏威夷［他／她去過夏威夷。］。（彼／彼女はハワイ
　　に行ったことがある。）

　余談ながら、ハワイは"夏威夷"という訳語が中国語圏
で定着しているが、広東語経由で定着したものだ。広東語
では「ハーワイイー」と読むが、北京語だと「シアウェイ
イー」で全然ハワイっぽくない。
　最後にもう1つ覚えておきたい広東語らしい助詞が、進
行形を表す"緊"gan^2「しているところ」だ。

　　我哋學緊廣東話。［我們在學廣東話。］（私たちは広東語を
　　勉強しているところだ。）

　ほかにも個性豊かな助詞が色々あるが、まずは基本の3
つを覚えよう。

文末が長～く伸びる
　広東語の会話をしばらく聞いていると、文の末尾がやた

らと伸びているのに気づく。

　日本語の文末に現れる「ね」「よ」「かな」「じゃん」のように、広東語には文末に色々と個性豊かな助詞が現れ、聞き手や文の内容への態度とか気持ちを調整する。しかも音調が微妙に違うとニュアンスが違ってくる。

　一番頻繁に使うのが"呀" a^3 だろう。疑問文には"呀"がよく付けられ、口調を和らげるのに一役買っている。軽く添えて読もう。

　有冇雲吞麵呀？［有沒有雲吞麵？］（ワンタン麵はありますか？）

　文末助詞でもう1つよく耳に残るのが"啦" la^1 だ。提案・勧告など相手に同調を求めるときに使われる。

　快啲啦！［快點吧！］（早くしなよ！）

　文末助詞はたくさん種類があるので、漢字で全部書き分けるのは難しい。あくまで漢字は参考までにされたい。
　もう1つ、信じられないという気持ちで疑問を発するときは平叙文の最後に"咩" me^1 を付けて尋ねる。

　你唔知咩？［你不知道嗎？］（あなた知らないの？）

　話は変わるが、シンガポールは人口の4分の3を中華系が占める（第2、第5章参照）。おもに19世紀半ば以降に福建や広東といった南方沿岸地域から移住した華人が現地に

根を下ろしたからだ。そのうち一部は広東語を母語とする。

　そのためだろう、シンガポール特有の英語として知られるシングリッシュには文末に色々な口調を表し分ける助詞がよく付けられるが、使い方が広東語とそっくりのものがある。上述の"啦"や"咩"がそうだ。上の2つの広東語の文をシンガポール風英語にすると次のようになる。

Faster lah!　　　　　　　　（早くしなよ！）

You don't know meh?　　　　（あなた知らないの？）

　もっとも、シングリッシュには広東語だけでなく福建語（第5章参照）由来の文末助詞も使われ、なかなかバリエーション豊かだ。

　広東語の会話には文末助詞が欠かせない。しかも、2つ3つと重ねて使われることも多く、なかなか精巧な体系を成している。詳しくは拙著『広東語文末助詞の言語横断的研究』を参照されたい。最初は使い分けが難しいと思うので、無しで済ませてもかまわない。たくさん広東語を聞いているうちにだんだん語感が付いてくるので真似してみよう。

カンフーとお粥

　ここからは少し広東語の熟語や慣用句の紹介をしよう。

　香港映画と言えば何といってもカンフー・アクション。先に言及したブルース・リーの師匠でもあった武術家・葉問は詠春拳の名手である（図1‐4）。

　イップ・マンも有名だが、香港で映像作品の題材として

最も多く取り上げられた武術家は、漢方医でもあった清朝末期の人物、黄飛鴻だ。ジャッキー・チェンが『酔拳』でコミカルな黄飛鴻を演じているが、個人的には『ワンス・アポン・ア・タイム・イン・チャイナ』シリーズ第1〜3作でジェット・リー扮する純情で高潔な人柄の黄飛鴻が好きだ。

　このシリーズは単なるカンフー映画に留まらず、19世紀後半、列強の進出が相次ぎ、弱体化する清朝末期の中国（特に広州）を舞台にした近代史の一幕がフィクションを交えて描かれ、ロマンスあり、アクションあり、ストーリーも見ごたえがある。流入する西洋の文物や風習への戸惑いと畏敬、孫文たち革命勢力への期待、落日の清朝政府への失望などが黄飛鴻の目を通して描かれている。

　黄飛鴻や葉問といった著名な武術家を多く輩出した広東は中国武術が盛んな土地として知られる。そうした土地柄、広東語には“食過夜粥”という慣用句がある。直訳すると「夜粥を食べたことがある」なのだが、そこから転じて武術の心得があるという意味を表す。武術道場の弟子たちが夜の稽古を終えた後、しばしば空腹を満たすために消化の良いお粥を食べていたことが由来とされる。

　お粥と言えば日本では病気になったときに食べるが、広東の粥は立派な料理だ（図1‐5）。米粒の原形が見えなくなるぐらいトロトロに煮込んだもので、魚の切り身、すり身団子、豚の臓物、ピータンなど、様々な種類のお粥がある。具材がたっぷり入って栄養満点。食欲がわかない朝ごはんにもぴったりだが、ここはぜひ夜のお粥を食べに行こう。お粥を食べて武術が身につくなら、こんなおいしい

図1‐4　**詠春拳を教える香港の道場のポスター**　著者撮影

図1‐5　**具だくさんのお粥**　著者撮影

話はない。

チャーシューを使った叱り言葉

　お粥とともに広東の名物なのがチャーシューだ。海外の
チャイナタウンでもチャーシューやローストダックが店先
にぶら下がった様子を必ず見かける（図1‐6）。

　日本のチャーシューとは全然違って、煮るのではなく、

図1‐6　香港、店頭にぶら下がるチャーシュー　著者所蔵

特製のたれに付け込んで炙り焼いたもので、外側にハチミツなど甘いソースが塗ってありツヤツヤしている。数切れをご飯の上に載せて甘い醬油たれをかけるだけで立派なB級グルメになる。

　飲茶の点心にもチャーシュー入りのものが多い。代表が"叉燒包"（チャーシューまん）だ。"叉燒腸（粉）"（チャーシュー入り腸粉）というのもある。"腸粉"は米粉が原料の皮で具材を包み蒸した料理で、醬油をかけて食べる。ツルッとした食感で美味だ。

　チャーハンにもチャーシューの角切りが入っていたりする。チャーシューやローストダックなどのローストものはテイクアウトで買って帰り、おかずの一品にすることもあ

る。

チャーシューは広東人の食生活に欠かせない身近で大活躍の食材なのだ。

だからというわけではないだろうが、広東語には"生嚿叉燒好過生你"「チャーシューを生むほうがお前を生むよりましだ」というすさまじい表現がある。親が子どものことを役立たずで不要だと叱りつけるときに使う。チャーシューがいかに大きな存在なのか思い知らされ、何度聞いても強烈なインパクトを残す。だが、チャーシュー以下と言われた子どもは案外、平気でけろっとしているようだ。

文法の説明を少し補っておく。"生"「生む、生み出す」の後ろの"嚿"は量詞で、肉や石など塊（かたまり）で捉えて数えるときに使う。"生嚿叉燒"は「チャーシュー1塊を生む」という感じだ。

そして、広東語らしいのが比較の表現。「AはBより〜だ」というのは、「A＋形容詞＋"過"＋B」という。ここでは形容詞"好"「よい」を使って"A好過B"で「AはBより良い」。"過"は色々な意味がある多義語だが、「超過する、越える」という意味もあるので、そこから転じて「凌駕する、勝る」というように比較表現で使われるようになったと見られる。

「水になれ」

"Be water, my friend."「友よ、水になれ」とはブルース・リーが武術の修行中に思い至った境地を表す有名な言葉である。水は決まった形がなく容器に合わせて形を変える。そんな流動性や自然体を水に見出した。2019年の香港

ではリーダーがおらず、変幻自在に場所を変えて行われるデモの戦術としてリーの言葉がよく言及された。

それはさておき、広東語には水を使った熟語やスラングがとりわけ多い。

"啱心水"「考えにぴったり合う」などの熟語で出てくる"心水"「考え、心積もり」（転じて「お気に入りのもの」）、"威水"「すばらしい、傑出している、勇ましい」、"醒水"「敏い、かしこい」では、"水"は実質的な意味はない。

また、"睇水"「水を見る→見張り番をする」という表現はまだ水道が各家庭に引かれていない時代、公共の水道水からの取水に見張り番を置いて管理していたことに由来するといわれる。"通水"「水を通す→情報を流す」や、同じ意味の"放水"では、"水"は（秘密）情報といった意味になる。

色々と派生的な意味や用法がある"水"だが、何といっても一番多いのは水をお金に見立てることだ。水を財物と考える風水の伝統によるとか、かつて水が不足していた時代に水が貴重だったからとかいわれる。

そのようなわけで"水"でお金を指す表現は枚挙にいとまがない。"疊水"「水が積み上がっている→お金持ちだ」、"撲水"「水のために駆けずり回る→金策に走る」、"度水"「水深を測る→お金を借りる」、"磅水"「水をポンドで計る→お金を支払う／返す」などなど。

量詞を上手に使った"一嚿水"という表現もある。量詞"嚿"は塊状のものを数える単位なので、直訳すると「一塊の水」となり、100香港ドルを意味する。100ドルはだいたい日本円で2000円弱（2024年4月現在）に相当する。

　水そのものはブルース・リーが言うように formless で shapeless、つまり、形がない。だから、本来、塊を数える量詞 "嚿" は馴染まないはずだ。だが、"水" がお金のことなのだとすれば、「一塊のお金」ということで意味を成す。往時、まとまった金額の紙幣を縛って1つにまとめたところからきているとのことである。

縁起を担ぐ表現

　お金関連で言えば、賭け事好きな広東人の言葉には何かと縁起を担ぐ表現が多い。縁起の悪い語やそれと同音の語の使用をできるだけ避けるのだ。

　不動産の広告や貼り紙でよく見かける "吉屋"「空き家」、"吉鋪"「空き店舗」、"交吉"「空きで引き渡す」。"吉" gat[1] は「空いている、空き」という意味。本来は "空" hung[1] を使うところだが、広東語では "空" の字は "凶" hung[1] と発音が同じなので縁起が悪い。ゆえに、それと正反対の意味の "吉" を使うわけだ。

　それと同じ原理の例が、先に広東語漢字クイズのところで触れた「舌」を意味する "脷" だ。なぜ "舌" と言わず "脷" と言うかというと、"舌" sit[6] という字は "蝕本" sit[6]bun[2]「元手を擦る」の "蝕"「擦る、損をする」と同じ発音で、縁起が悪い。そこで、利益、利潤などの縁起の良い連想をさせる "利" lei[6] に取り換えたのだという。"脷" という漢字は、"利" に身体の意味を表す肉月を付けて作られた広東語専用の漢字だ。

　マンハッタンのチャイナタウンのスーパーには様々な肉の部位の商品を陳列した棚があり、そこに "豬利" という

図1-7　NYチャイナタウン、スーパーで売られる"豬利"　著者撮影

表示があった。"豬"は「豚」のことなので「豚の舌」を意味する。ここでは肉月のない"利"が使われている。"豬脷"にせよ"豬利"にせよ広東語特有の表現である。チャイナタウンでは広東語がまだまだ幅を利かせている。

　もう1つ、臓物に関して。"豬潤"というのは豚のどこの部位かわかるだろうか。これも縁起を担いだ表現である。

　正解は"豬肝"「豚のレバー（肝臓）」。"肝"gon[1]はそれと発音が同じ"乾"gon[1]を連想させるため避けられたのだ。なぜ"乾"がよくないのかというと、"乾"「乾いている」というのはつまり「水」がないということだ。広東語では上述の通り「水」＝「お金」だった。これは縁起がよくない。それで"乾"と反義の「潤っている」という意味の"潤"が使われるようになったのだとか。こちらも身体の意味を表す部首の肉月を持つ"膶"という造字が使われることもある。

3　すぐに使える会話表現

まずは Hello!"你好（ネイホウ）！"

　外国語の挨拶表現でまず覚えたいのは「こんにちは」だろう。広東語は"你好"という、北京語の"你好"「ニーハオ」と全く同じ単語を使う。でも、発音が違う。「ネイホウ」nei⁵hou²だ。もっとも、実際には、n- の子音はよく l- に発音される（第 3 章で後述）ので「レイホウ」というのを耳にすることが多い。"你"は「あなた」の意、"好"は「良い」から転じて「元気だ、変わりない」。"好"はこれ単独でも「よし！」「はい」「オッケー！」というように使える常用表現なので、覚えておきたい。

　ただ、"你好"は日本語の「こんにちは」と違って、知り合いに声をかけるようなときには使わない。どちらかと言えば、初対面の挨拶などかしこまった場で使う。英語に慣れている香港人ならそういうときでも"Hello！"と英語で言う。Ha¹lou³のような発音になる。

「さようなら」も英語から来た Bye bye をよく使う。発音は Baai¹ baai³のような感じだ。日本では「バイバイ」は親しい間柄で使う、やや幼い感じがする表現だが、香港では大人同士も使う。初めて行った店で去り際に店員から「バイバーイ」と言われて、随分フレンドリーだなと思うかもしれないが、ごく普通の別れ際の挨拶だ。

　広東語の挨拶表現をいくつか紹介しようと思ったのだが、いきなり英語のフレーズが多くなってしまった。

　ついでに言えば、香港では少しぶつかったりしたときの

軽い謝罪にも英語の Sorry が常用される。

「すみません」と似た"唔該（ンコーイ）"

　広東語らしい挨拶表現の中ではまず真っ先に"唔該"、
「ありがとう」を覚えたい。

　相手が自分に何かをしてくれたときに、その労役やサー
ビスに対して軽くお礼を述べるのに使う。ものを取っても
らったり、通り道や席を空けてもらったり、日常のちょっ
とした場面で頻繁に使う。あるいは、これから相手に何か
をしてもらおうとして「お願いします」というときにも使
う。遠くにいる店員を呼びつけるのにも便利だ。これらの
場合の"唔該"は「すみません」という日本語訳がぴった
りくる。

"唔該"は語源的には「〜すべきでない、〜してはいけな
い」という意味のフレーズから来ている。つまり、相手に
対して「（あなたはそれを）すべきではない（のにしてくれ
た／してもらいたい）」というように、本来あるべき状態で
はないという認識の表れだ。それが「ありがとう」という
お礼専門の言葉に転じたものだ。気持ちのあり方が日本語
の「すみません」に似ている。

「すみません」も使い勝手のいい言葉で、本来は謝罪の言
葉だがお礼を述べるときにも転用される。道を空けてもら
ったりすると、「ありがとうございます」よりも、つい
「すみません」と言いたくなる。やってもらって何だか気
が済まない、という気持ちが先に立つからだ。

　ただ、"唔該"は日本語の「すみません」とは重ならな
いところも多い。日本語ではご飯をおごってもらったとき

も申し訳ない気持ちがするので「すみません」と言えるが、広東語はこういうときは"唔該"ではなく、もう1つのお礼表現である"多謝"を使う。

"多謝"は相手の施しや心遣いに感謝の気持ちを伝えるものだ。「多謝」は日本語の表現としてもあるようで、「厚く礼を述べること」という意味だそうだ。広東語では、おごられたときのほか、贈り物をされたり、世話になったりしたとき、あるいは祝福されたり、ほめられたりしたときの返答に"多謝"がふさわしい。

"唔該"も"多謝"も後ろに"晒"saai³というのを付けて強めた言い方もよくする。"唔該晒"「どうもありがとう」、"多謝晒"「どうもありがとう」という感じだ。

この末尾に来る"晒"というのは「すっかり、全部」という意味だが、元々は動詞の直後に来る助詞で、「全部~する、~しつくす」という意味を表す。例えばお店で注文すると、時々"賣晒"maai⁶saai³と言われることがある。"賣"は「売る」なので、全部売った、つまりは売り切れということだ。

広東語の"ハイ"と日本語の「はい」

広東語のネイティブの会話を聞いているとよく耳にするのが次の言葉だ。
"係呀"「そう。」

相手の言っていることに賛同・同意を表す表現だ。"係"は前に説明した動詞「~である」。文末には「ね、よ」のような文末助詞の"呀"を付ける。何度も繰り返して使うこともある。

"係呀、係呀、係呀"「そう、そう、そう。」

"係"「ハイ」は命令を受けたときに「かしこまりました」という応答表現としても使われる。映画などを見ているとよく耳にするが、日本語で「はい」と言っているのかと一瞬思ってしまう。使われる文脈も発音もそっくりだからだ。

相手の話を聞きながら同調して相槌を打つ"係、係"の使い方も日本語そっくりだ。

そのためだろう。広東語の"係"が日本語の「ハイ」の語源だという俗説も流布している。広東語の"係"を聞いて便利だと思った人が日本語に持ち込んで広めたというものだが、これはかなり怪しい。日本国語大辞典によると、1774年に日本語ですでに「はい、かしこまりました」という例があるそうだ。「はい」は日本語の中で独自に発展してできたものだろう。

ちなみに、「ハイ」は高く真っすぐ第1声で発音してはいけない。広東語で女性生殖器の意味になるので、くれぐれも音を低く保って言おう。

"モウマンタイ"だけで「無問題」

広東語の常用表現で、日本語で最もよく知られるのが"無問題"だ。アニメや漫画のキャラが使ったりもしていて、広東語由来とは知らなくても聞いたことがある人は多いだろう。日本語のパソコンで「もうまんたい」と打てば、漢字で「無問題」というのが変換候補で出てくるぐらいだ。

読んで字のごとく「問題が無い→ノー・プロブレム」ということで「大丈夫」という意味を表す。

　日本語では「無問題」という書き方で広まっているが、「モウ」mou⁵の発音から言えば"無"は適切ではない。"冇"mou⁵という字を使ったほうがいい。"冇"は広東語で「無い」という意味を表すために作られた広東語専用の造字だ。"冇""有る"から横棒2本を取り去ってあり、何かが欠落していて「無い」ことが視覚的に上手に表されている。

「無問題」という広東語が日本で広く認知度を得たのは1999年の日本・香港合作のコメディ映画『無問題』がきっかけだろう。ナインティナインの岡村隆史演じる香港映画マニアの日本人が、ジャッキー・チェンの事務所で働くと言って一方的に書置きを残して別れを告げた恋人を追って香港に行く。日本の友人の手引きで彼女を探しにもぐりこんだ映画撮影所では、憧れのサモ・ハン・キンポーを見つけ何か仕事をもらえないか挨拶するが、広東語が全然できないので、友人のアドバイスに従ってひたすら"冇問題！"「大丈夫」の一言を繰り返す。サモ・ハンから腕試しに見舞われた回し蹴りもやせ我慢で"冇問題"と受けとめ、首尾よく映画のスタントの仕事をもらう。

　このシーンを見ていると、確かに"冇問題"1つで結構コミュニケーションが成り立っている。これと"唔該"だけでかなり広東語らしい応答ができるかもしれない。

　ついでにもう1つ、映画から例を挙げる。図1-8は序章で触れた『少林サッカー』の香港版の DVD の映像だ。ブルース・リー似のゴールキーパーが《死亡遊戯》のコスチュームで出場し、相手チームのシュートをはじいた後に"冇問題！"（モウマンタイ）と叫んでいる。ただし、字幕

図1‐8 "沒問題！"『少林サッカー』（2001） 香港版 DVD

では"冇問題！"でも"無問題！"でもなく、"沒問題！"となっている。どうしてなのか。その謎については第3章をご覧いただきたい。

55頁のクイズの答え
　密③　石②　吉④　読①

62頁のクイズの答え
　餸②　腡⑥　燶④　瞓①　踎③　搲⑤

第2章 話し言葉——香港の標準語

1 返還後も続く広東語優勢

広東語の総本山、香港

広東語という言葉の概要がわかってきたところで、次は広東語の代表地である香港を見ていきたい。

序章で見たように、広東語は広東出身の華人移民とともに世界に広がり、アメリカなど英語圏ではさながら北京語と並ぶ二大中国語のような趣である。

だが、広東語がホームを離れて異郷で影響力を保っているのは、今や旧代表地の広州ではなく新代表地の香港の存在感によるところが大きい。

第一に、海外の広東語コミュニティで好んで視聴されるのは、何といっても香港で製作された映画・ドラマや、テレビ・ラジオ番組である。広州の広東語話者も1980年代以降香港のコンテンツを楽しむのが長らく常態となっている。

また、広東語をノンネイティブに教える教育拠点としても香港が本場である。広東語の教師や教材は香港が質量ともに充実している。

香港はいわば全世界の広東語使用者に影響力を持つ広東語の総本山のような役割を持つ。

そこで本章ではいよいよ総本山に分け入り、広東語がどのように使われているのか、どのようにして香港が代表地

になったのかを簡単に見ていこう。

オフィシャルな言葉

　思い返せばコロナ禍で世界中が混乱に陥る直前の2019年は、いつになく香港が国際ニュースで注目を集めた年だった。逃亡犯条例の導入発表からそれに対する市民の反発、徐々に過激化するデモから収束に至るまで、世界の報道機関がこぞって香港のニュースを報じていた。

　日本でも連日、デモ参加者や市井の人々への街頭インタビュー、デモ隊の指導者の演説のほか、行政長官（当時）キャリー・ラムや警察官僚など政府側の要人による香港市民向けの記者会見が字幕付きでよくニュースに流れていたので、耳にされた方も多いかと思う。

　そこで話されていたのはほかでもなく広東語だ。香港では今でも日常の私的な会話だけでなく、こうしたオフィシャルな言葉にも広東語が使われている。

　テレビ・ラジオ、映画、交通機関・公共施設のアナウンスも広東語が優先だ。儀式や講演、講義などでも広東語が使われる。

　香港が中国に返還されたのは1997年のことである。当時は返還に伴い、中国のオフィシャル言語である北京語が香港でも徐々に普及していくと考えた人が多かった。

　それから25年以上が経った。予想外のスピードで社会の様々な面で中国化が進んでいるが、人々の日常会話はもちろん、オフィシャルな言葉も未だ北京語に取り換えられていない。相変わらず広東語が優先的地位を占めている。

　具体的な数字で見よう。

　2021年に実施された人口センサスのデータによると、習慣的に使用する言語として広東語を挙げる人（5歳以上）がダントツに多く、人口の88.2％と9割近くを占める。また、習慣的使用言語ではなくても話せるという人が一定数いるため、広東語が話せるという人は人口の93.7％を占める。もっとも、これらの数字は返還以来、年々下がってはいる。だが、オフィシャルな場での使用が象徴するように、香港は今も広東語の世界である。

北京語を話せない

　では、北京語はいったいどれぐらい話されているのだろうか。2021年の同じ調査によると、習慣的使用言語とすると答えた人はわずか2.3％しかいない。だが、北京語は何といっても中国のオフィシャル言語だし、世界の華人社会で通用する。だから、普段使わなくても話す能力はあると答える人はたくさんいる。というわけで、全部合わせると北京語を話せる人は54.2％となる。返還後間もない2001年が34.1％だったことからすると、大幅に増えている。

　だがそれでも決して多くない。比較のために中国大陸の状況を見てみよう。

　共通語である北京語が話せる人は中国教育部の発表によれば、2020年時点で中国全体の80.7％に達したとのことである。中国語は後に第5章で述べるように方言の違いがとても大きい。広東語と北京語ほど違う方言、それよりももっと遠い方言がほかにも色々ある。それに人口の9割を占める漢族のほかに少数民族もたくさんいる。家庭ではそれぞれの地方の方言や民族の言語を話していても、外では意

思疎通のために北京語が欠かせない。地域格差が巨大な中国で、今や人口の8割が北京語を話せるというのはかなり高い到達点だ。同報告では、貧困が深刻な地域でも61.6％が話せるとされる。

それから見ると、香港のような生活水準の高い教育の行き届いた大都市で、北京語を話せるという人が5割強、つまりおよそ2人に1人しか話せないのはある意味衝撃的だ。

香港の調査も大陸の調査も、話せるかどうかは自己申告で、試験で能力を計ったわけではない。そのままうのみにはできない。けれども、大陸よりも北京語をまともに話せる人がずっと少ないという点は、大陸や香港の多くの人の実感とも符合している。

中国大陸と違う制度

中国に返還されて久しい香港で、なぜ未だに北京語がオフィシャルな場での使用言語になっていないのかというと、一国二制度の下、中国大陸とは様々な点で異なる制度が採用されているからだ。

行ったことがない人には意外だろうが、そもそも、香港と大陸との間は今でも境界があり、出入「国」審査ならぬ出入「境」審査を通らなければならない。香港人と中国人とは持っているパスポートも違う。通貨も人民元ではなく香港ドルという独自の通貨を使う。色々な社会の仕組みが違っていて、法律も中国とは違う。

言語についても同じことが言える。香港の憲法に当たる基本法では簡単に言語のことに触れてあり、「香港特別行政区の行政、立法、司法機関では中国語のほか英語も使え

る、英語もオフィシャル言語だ」と書いてある。

　実のところ、香港ではオフィシャルな場では英語が思いのほか多用されるのだが、英語の話は第4章で見ていくことにし、ここでは基本法が言うところの「中国語」に着目しよう。

　「中国語」といっても、中身が北京語なのか広東語なのかは定められていない。しかし、香港は広東語を第一言語にする人が9割を占める。広東語を使わないと、現実には行政、司法、立法ほか社会の様々な仕組みが回らない。

　けれども、広東語も「中国語」の一種には違いない。だから、広東語ばかり使っていても、基本法とは何も矛盾はないのだ。

　序章で見たように、「中国語」と言いつつ広東語を指していることは、かつてアメリカの華人社会で見られた光景だ。現在の香港はまさにそれと同じ状況なわけである。「中国語」というのはとても融通のきく、懐の広い言葉なのだ。

　香港ではこのようにオフィシャル言語に関して緩やかに「中国語」としか規定していない。それに対し、大陸ではもっとはっきりオフィシャル言語が"普通話"すなわち北京語だと法律で定められている。

　このため、大陸では広東語の地位が北京語に比べて低い。かつて広東語の代表地として君臨した広州もまた例外ではない。日常生活には広東語を使っていても、オフィシャルな場となると北京語が優先される。そのような環境にある以上、広州が広東語の代表の座を香港に明け渡すのは必然的なことであった。

ちなみに、中国のオフィシャル言語である北京語は、大陸では今でこそ8割の人が話せるとされるが、実はほんの100年前までは普及には程遠い状況だった。何しろ20世紀初頭まで全土で通じる「国語」というものがなかったのだ。日本の26倍近くある広い国土で北京語と広東語ほど違った方言が地方ごとに話され、とても意思疎通できる状態ではなかった。列強の進出が進む中、地域間の分断は国の存亡がかかる致命的な問題である。そこで、1912年の清朝滅亡後の中華民国の時代になると、本格的に全国統一の国語（"國語"）の制定が行われる。ここで国語として定められた言葉が今の北京語の前身である。

　1949年の中華人民共和国成立以降は、"普通話"と呼ばれるようになり、引き続き普及が進められた。その結果、今では8割の人口が話せるようになったわけだが、逆に都市部では元々あった方言が衰退しつつある。

　漢字の違い

　言語に関する香港と大陸の違いでいうと、漢字が異なる点も見逃せない。香港では繁体字、中国大陸では簡体字を使用する。例えば、「図書館」は香港では"圖書館"、大陸では"图书馆"と書かれる。

　繁体字とは日本の旧漢字と同じ旧来の伝統的な字体で、簡体字とは筆画を簡略化してできた新しい字体だ。中華人民共和国の建国後ほどなくして公布され、使用されるようになった。

　私たちは小さいころから漢字を習うのでほとんど意識しないが、アルファベットが26個しかないのと違って、漢字

は大量にあり、習得するのに膨大な時間がかかる。例えば、香港で小学生向けに研究者らが推奨する常用語9706をマスターするためには、3171個もの漢字を覚える必要がある。日本でも義務教育修了時には常用漢字2136個の習得が目指されている。

　識字率向上のためには漢字は筆画が少ないほうが学びやすい。日本でも戦後、旧漢字を簡略化して新漢字が作られた。

　ところが、中国と日本では簡略化のされ方がかなり違う。例えば、上述の「図書館」の例のほか、"廣東"が日本で「広東」、中国の簡体字で"广东"となる例が挙げられる。日本語漢字に比べると、簡体字はかなり大胆に簡略化されている。日本語の常用漢字と中国語でそれと同じ字の簡体字の字形を比較してみると、一致率はだいたい6割程度だ。

　むしろ、繁体字のほうが日本語の常用漢字と一致率が高く、日本人には読みやすい。それに繁体字に相当する旧漢字は日本では固有名詞に残っていて目にする機会がある。例えば「國學院大學」の「國」（国）や「學」（学）、それに「讀賣新聞」の「讀」（読）や「賣」（売）といった字が旧漢字だ。

　ただ注意しておきたいのは、文字の違いは言語そのものの違いとは関係しないということだ。

　日本語の漢字でたとえよう。「広東語を楽しく体験的に学ぶ」は旧漢字で書くと「廣東語を樂しく體驗的に學ぶ」となる。戦前の出版物のような古めかしい雰囲気になるが、発音が変わるわけでもないし、意味も変わらない。言葉自体は同じだ。

そういうわけで、使う文字が違っていても、言葉は同じということがある。

　香港と広州はその例だ。香港は繁体字を使い、広州は簡体字を使う。だが、どちらも広東語を話す。香港の"圖書館"も広州の"图书馆"も広東語で「トウスュークン」と発音する。

台湾は北京語が独占状態

　文字の違いは言葉の違いとは連動しない例をもう1つ挙げよう。海峡を隔てた台湾の状況はどうか。

　台湾では、文字は香港と同じ繁体字が使われる。しかし、言葉は北京語が使われる。

　台湾の北京語は、発音の仕方、それに語彙が少し違うけれども、大陸でオフィシャルに使われる北京語とは基本的に同じ言葉だ。たとえて言えばアメリカ英語とイギリス英語のような違いである。

　台湾は今でこそ北京語が圧倒的優位を占めるが、もとからずっとそうであったわけではない。台湾の言語状況は、色々な言語が歴史的に多層をなしていて複雑だ。

　まず、台湾には古くから住む原住民（先住民のこと）がおり、この人たちが話すオーストロネシア語族の諸言語がある。マレー語やタガログ語などと同じ系統に属す言語だ。その後、17世紀ごろになると対岸の中国福建・広東から閩南語や客家語（第5章参照）を話す漢族の台湾移住が盛んになり、これらの「中国語」が大規模に持ち込まれた。

　その後、日清戦争後の50年にわたる日本植民地時代に為政者の言語である日本語が持ち込まれ、教育言語として使

われた。だから、日本語教育を受けて日本語がペラペラな
お年寄りが台湾には（かつて）たくさんいた。

　そして、戦後に日本が去ると、今度は共産党との内戦に
敗れて大陸から追われた蔣介石率いる中華民国中央政府
がやってきて、大陸で「国語」になっていた北京語を植え
付けた。その結果、短期間に北京語が普及し、今では1966
年以降生まれの9割を超える人が北京語を家庭で常用言語
にするようになっている。他方で、日本統治以前から台湾
で話されていた言語は話し手が減り、若い世代では北京語
の独壇場になりつつある。

　ついでに言えば、華人が人口の4分の3を占めるシンガ
ポールでも、元々は福建・広東に由来する様々な「中国
語」が初期の華人移民によって話されていたのだが、1979
年に「"華語"を話そう」というキャンペーンを政府が推
進した。華語とはシンガポールやマレーシアで北京語のこ
とを指す。その結果、やはり方言が衰退し北京語だけが独
占的にオフィシャルな地位を獲得している。

　このように見ると、大陸、台湾、香港、シンガポールと
いうおもな中国語圏の中で、広東語がオフィシャル言語と
して使われる香港の「中国語」環境はかなり特殊だという
ことがわかる。

2　総本山への道のり

広東語社会の誕生

　香港に広東語が優勢な社会ができたのはどういう経緯な

のだろうか。

　序章で触れたように、香港は移民都市である。香港人の大多数は3代さかのぼれば大陸の祖先に行き当たると言われるように、親や祖父母の代が大陸から渡って来ている。

　香港への流入者のうち、戦後、特に1949年の新中国成立前後に大陸を逃れるようにやって来た人口のボリュームは大きい。

　流入者には大陸の中でも隣接する広州周辺地域の出身者が多かったが、それ以外の地方の出身者もそれなりにいた。したがって戦後初期は、色々な中国語方言の話者がいたはずだ。けれどもその後、広東語、より正確に言えば広州広東語への一本化が急速に進み、1971年には9割近い人が広州広東語を習慣的に使用する今のような社会ができあがっていった。

　これは1つには再三述べているように、広州の広東語が古くから華南地方の標準語としてステータスが高かったことがある。イギリスへの割譲後に広州周辺出身の人々の流入により持ち込まれた広州語は、19世紀末の香港で、同じ広東語系の下位方言ほか、客家語や閩南語系下位方言など異なる方言を話す漢族のサブグループ間の共通語として機能していた。

　もう1つは、共産党政権の新中国が成立した後、大陸と隔絶が生じたことによる。実際、香港植民地政府は中国からの越境を制限するようになり、香港と大陸は物理的にも行き来が自由にできなくなった（ただし、その後も大陸からの避難民は大量に流入し続けた）。その間に、香港では1960年代から70年代にかけて植民地政府によるインフラ整備や

経済発展を経験する。その結果、大躍進政策の失敗や文革で全土が荒廃した大陸とは一線を画し、自分たちを大陸人とは異なる香港人だと見なすアイデンティティが形成されるようになった。

　実際、この時代には香港で生まれ育ち、香港がホームだという人が人口の過半数を超えてくる。そんな中、大陸を代表する言語である北京語とは別の言語である広東語を新天地の言葉として戴くようになったのはごく自然な流れだ。

　それとともに北京語とも疎遠になっていく。中国が大国となり国際的なプレゼンスを増した現在からすると隔世の感があるが、香港よりはるかに発展の遅れた後進地域だった大陸の人が話す北京語は実用価値のない言葉と考えられていた。そのため、1960年代以降に成長した香港人には北京語がまるでできない世代がいる。今でも北京語が5割強の人しか話せないゆえんである。

　筆者が1990年代半ばに初めて香港に行ったとき、香港中文大学で校内を歩いていた学生に北京語で道を尋ねたところ、こちらの言っていることは伝わったが、バツの悪そうな顔で北京語が話せないと英語で返事が返ってきたことを思い出す。

　こうした広東語社会の形成が進んだ背後には、英国植民地下の香港政府の関与もある。開港以来、植民地政府は香港で明示的な言語政策はとらず、特定の言語を押し付けたり禁止したりといったことはしていない。だが、香港に大陸の影響を受けた政治的活動が波及することを警戒していた。そこで、広東語による学校教育やメディア・放送を後押ししたり、北京語推進に冷淡な態度を取ったりするなど、

おりおり間接的な介入をしていたといわれる。

とはいえ、台湾やシンガポールの北京語化が政府主導のトップダウンで行われたのと違い、香港の広東語化は香港人アイデンティティの形成と並行してボトムアップで進行したと言える。

失われた方言

ただ、こうして広州広東語に一本化されることにより、その他の中国語が急速に廃れていったのも事実である。1970年代に義務教育が開始すると、すでに多くの学校で教育言語として用いられていた広東語が香港の標準語として定着するのを加速する。60年代末の広東語による地上波テレビ放送開始も、広東語が香港の標準語となるのに一役買っただろう。

あおりを食ったのがその他の中国語方言だ。戦後の移民流入期直後には話し手がそれなりにいたが、第1世代は香港に溶け込むため多くが広東語を習得し、第2世代の子どもたちは学校に上がると標準語である広東語を身につけ、親が話す故郷の方言を継承しなくなっていく。

おかげで香港の人は広東語の標準性に厳しい。他の中国語方言の母語話者が話す広東語を"標準"「スタンダード」でなく"郷音"「田舎訛り」があると評すことがよくある。

広東語一強社会になった香港では、その他の中国語方言が淘汰されてしまい、2021年の人口センサス調査によると、広東語・北京語以外の中国語方言を話せると答えた（5歳以上の）人の割合は、客家語3.6%、福建語（閩南語）3.1%、

潮州語2.8％、上海語0.8％のように微々たる数字である（方言分類は第5章で解説する）。

このうち客家語は、客家という漢族のサブグループの人たちが話す方言だ。客家は香港がイギリス領になる前から住んでいた主要なグループの1つで、特に大陸と境を接する新界は農業従事者である客家の住民が多かった。客家語は広東省東北部にある梅県の言葉が標準的とされる。筆者の大雑把な印象では広東語と北京語を足して2で割ったような言葉に聞こえ、所々理解可能だが、広東語とは違う方言系統で意思疎通はできない。

筆者が初めて広東語の文法の本格的な研究に取り組んだ1990年代後半、最初の論文執筆時に母語話者として協力してくれた在日香港人は客家だった。当時20〜30代ぐらいだったと思うが、広東語以外に客家語も話すことができ、時々、客家語の言い方も教わった。

1980〜90年代は、広東語がすでに香港の共通語・標準語になっていたが、他の方言の息遣いもまだまだ感じられた。当時の香港映画を見ていても、本筋とは関係のないちょっとした場面に若干のステレオタイプや偏見も混じりつつそうした方言が顔を覗かせる。

例えば、ジャッキー・チェンの代表作『ポリス・ストーリー』（1985）。彼が演じる刑事・陳家駒が降格され新界の沙頭角の農村の派出所で1人当番を務めているときに、あちこちからかかってくる他愛のない通報電話を同時にさばくコミカルなシーンがある。そのうちの1人の声の主は牛を紛失したという老人だが、客家語のような方言を話している。沙頭角や周辺には客家の村が点在しているからか

もしれない。

　アメリカの海外華人社会で多くを占めた台山など四邑出身者は戦後の香港にもたくさんおり、台山語の話者は1966年には香港の人口の2割を占めていた。映画で言えば序章で述べた1980年代初頭の『悪漢探偵』シリーズは台山語訛りの広東語を話す刑事が主役の1人だし、サモ・ハン・キンポーの代表作の1つでブルース・リー主演『燃えよドラゴン』へのオマージュ作『燃えよデブゴン』（1978）にも、アメリカ帰りの息子に台山語風の言葉で話しかける老夫婦が端役で出てくる。

　台山語を話す人物はほかにもウォン・カーワイ（王家衛）の監督デビュー作『いますぐ抱きしめたい』（1988）など、この時期の香港映画によく出てくる。だが、台山語話者にとって広州広東語は自分たちの言葉と同じ系統で習得が簡単なうえ、標準語としてステータスが高い。いち早く同化し、母語の方言を失っていった。

　母語方言を失ったのは上海語話者も同様だ。スタイリッシュな映像で海外での評価も高い映画監督ウォン・カーワイは自身が上海からの移民だが、『欲望の翼』（1990）や『花様年華』（2000）で上海語を話す人物が印象的に用いられていて、当時の言語状況の雰囲気を伝えている。

ジャッキー・チェン映画の潮州語ギャグ

　広東語の影で失われた方言のうち、話せる人はもはや微々たる数だが、存在感が際立つのが潮州語だ。潮州語は広東省東部沿岸の潮州及びその南にある汕頭周辺の閩南語系方言をまとめて呼んだ通称だ。香港では潮州人は客家と

並び目立つ漢族の中のサブグループで、潮州人移民やその子孫は多い。

　香港の潮州人として有名なのは、何といってもアジアでナンバーワンの富豪に上りつめた李嘉誠（Li Ka-shing）だ。日中戦争期に香港に渡り、香港フラワー（造花）の工場を起こして成功した後、不動産など事業を拡大し、たたき上げで一代にして億万長者になった香港ドリームの体現者で、香港では知らない者はいない。

　香港映画の中にも潮州語や潮州人のネタはよく現れる。

　ジャッキー・チェン、サモ・ハン・キンポー、ユン・ピョウの人気トリオが出て来るアクション・コメディに日本で『福星』シリーズとしてまとめられる作品群がある。第1作『五福星』（1983）ではサモ・ハン・キンポーを含む詐欺師や泥棒たち5人組がメインで、ジャッキー・チェン演じる刑事はむしろ付けたしのような役回りだ。

　キャラの立つ5人組はシリーズ第2作『香港発活劇エクスプレス　大福星』（1985）ではメンバーを少し変えて出てくる。映画の前半で、サモ・ハン・キンポーたち5人組が乗ったバンが急停車し、後ろを走行するミニバスとぶつかりトラブルになる。もじゃもじゃパーマヘアをした後続のミニバス運転手を数の力に任せて脅しつけていると、どこからか大量のミニバスが駆け付け、中から同じような髪型の運転手たちが出てきてあっという間に取り囲まれる。同郷者がいじめられているのを助けに来た潮州人運転手だ。一転して多勢に無勢で分が悪くなった5人組は、実は自分たちも潮州人だと偽って相手を懐柔しようとするが、潮州語が話せず、結局、嘘がばれて袋叩きにあう。

図2‐1　5人衆を取り囲む潮州人ミニバス運転手
『香港発活劇エクスプレス 大福星』（1985）

　5分弱ほどもある長いシーンだが、香港での潮州人のイ
メージを知らなければ意味がわからないだろう。潮州人に
ついては日本で初めての学術専門書である『潮州人』（志
賀市子編）に詳しいが、香港のメインストリームの広東人
からすれば潮州人は身内の団結力が強く排他的に見える。
ミニバス運転手に多いということや、外見にも固定イメー
ジがあるようだ。

　最近ではドニー・イェンが『追龍』（2017）で1960年ご
ろに潮州から仲間たちとともに香港へ渡ってきた実在のマ
フィアの親分に扮している。潮州語訛りの広東語を話し、
同じ潮州出身の香港人警官を“家己人”（潮州語：カキナ
ン）「身内、仲間」と呼ぶ、ステレオタイプ通りの潮州人
を演じている。

　ちなみに、料理の面でも潮州は存在感がある。広東省や
香港では潮州料理は広東料理のサブカテゴリーとして認知

されていて専門のレストランが多い。広東語では屋台や大衆料理店で潮州料理を食べることを"打冷"da²laang¹「ターラーン」という。語源には諸説あるが、"冷"「ラーン」が潮州語の"人"「ナン」の発音を真似たものだという。第3章で述べるように、広東語では n- と l- は混同されるからだ。

　潮州料理と言えば、煮汁に漬け込んだガチョウ肉"滷水鵝"が有名なほか、カキ入りオムレツ、冷やした蟹肉など海の幸を活かした一品が多い。広東粥よりもリキッド性の高い潮州風お粥も一風変わっている。香港に行ったら広東料理だけでなく潮州料理も試したい。

広東語はかっこいい

　本書は題材として香港映画を多く取り上げている。カンフー・アクション映画は娯楽作として日本でも広く人気を得たが、1990年代はスタイリッシュなウォン・カーワイ監督作品など様々なジャンルで香港の魅力あふれる作品が日本で知られるようになり、映画好きを魅了した。また、映画だけでなく広東語ポップスにハマったり、旅行や趣味で香港を足しげく訪れたりする香港好きも増えた。

　中国語圏への影響力も大きい。イギリス領の資本主義制度下でいち早く経済発展を遂げ、洗練された都市文化を背景に、西洋由来の自由で開放的な価値観や娯楽性を備えた香港のポップカルチャーは、1980年代から90年代にかけて絶大な人気を誇った。

　おかげで香港スターの話す広東語は、クールな言語として受けとめられた。広東語が話せなくても、特技としてカ

ラオケで広東語曲を1つ2つ歌えたりするのがかっこよかった。

筆者はこれまで日本の色々な大学で広東語を教えてきたが、クラスにはたいてい日本人に交じって中国人や台湾人、シンガポール人などの華人留学生がいた。履修動機を尋ねると、香港で将来働きたいといった実用目的のほかは、ほとんどが香港のポップカルチャーに親しんできたからという理由だ。日本では馴染みがないが、香港のテレビ局TVBのドラマも人気だ。授業で映画ドラマやポップスを教材に取り上げると決まって好評だった。

北京語以外の中国語方言で、こんな風にノンネイティブが純粋に文化的な動機から進んで勉強したがるのは後にも先にも広東語しかない。

香港ポップカルチャーの浸透の結果、広東語の常用表現は大陸や台湾の北京語にも入り込んでいる。例えば、お会計のときの決まり文句の"買單"（マイタン）は、広東語の"埋單"（マーイターン）「お勘定書きを閉じる→お会計をする」に由来する。"搞定"（カオティン）「うまく処理する、解決する」は広東語の"搞掂"（カーウティム）「うまくやる、ちゃんとできる」から来ている。先述した"的士"（テックスィー）「タクシー」という音訳外来語も北京語に取り入れられ、発音は北京語で「ティーシー」となっている。いずれも広東語から「北上」したものだ。

また、広東語とは直接関係はないが、本来、簡体字を使う大陸で繁体字が1990年前後に一時期ブームになったことがある。ここにも繁体字を使う香港の影響を見て取れる。

こうして、香港は大衆文化の浸透力を梃に、中国語圏の

中で広東語を基盤にした独自の社会を築き、広東語の新た
な代表地となった。

第3章　書き言葉——言文不一致な中国語

1　不思議な書き言葉の習慣

前章で見たように、香港は独自の歴史的経緯から、広東語が標準語として使われる社会になっている。

だが、返還後、25年以上が経過しても広東語が北京語に置き換わらない秘訣は、広東語がどのように話されているかを見るだけではわからない。

香港の書き言葉の仕組みを見ることで初めて明らかになるものだ。

前の2章はおもに香港の話し言葉、つまり「口頭言語」とも言われる「話す・聞く」言葉についての話だった。本章はもっぱら書き言葉、つまり「書記言語」とも言われる「読む・書く」言葉の話をしよう。

だが、香港の書き言葉はなかなか謎に満ちている。謎解きは一筋縄ではいかず、それだけに誤解も多い。

本章では、引き続き香港の映画やポップスの話題を通して書き言葉の謎を解いていく。謎が解けたときには、広東語の真の実力が見えてくるはずだ。

香港の映画字幕は何語？

一般に外国語の学習には、映画やドラマなど映像作品を見るのがいい。セリフを聞いて生きた表現を学ぶことがで

図3-1　『プロジェクトA』（1983）　香港版 DVD

きるし、映像を通して文化的な気づきも得られる。できれ
ば、日本語字幕ではなく学習対象のオリジナル言語で書か
れた字幕でセリフを確認しながら見るのが効果的だ。香港
映画は90分程度と短いものが多いし、娯楽性が高いので、
気軽にたくさん見られる。広東語の勉強にうってつけだ。

　ただ、香港映画については、日本で発売される DVD・
ブルーレイ、動画配信サービスの映像はどれも日本語字幕
しかないようだ。そのため、原語の字幕を見るには香港版
を手に入れる必要がある。

　ところが、香港版を手に入れたとしてもまだ厄介な問題
がある。字幕が付いていると言っても、広東語の場合、音
声と字幕の言葉が一致していないのだ。

　ジャッキー・チェンのアクション映画の初期の代表作
『プロジェクトA』（1983）から具体例を見よう。図3-1
のシーンでジャッキー・チェン扮するドラゴンは、音声で
は "喺邊度？"「どこで？」と言っている。だが、字幕で

は"在哪裡？"と書かれてある。

　第1章の終わりに挙げた『少林サッカー』のブルース・リー似のゴールキーパーが出てくるシーンも思い出そう。"有問題！"（モウマンタイ）「大丈夫だ！」と叫んでいるのに、字幕では"沒問題！"と書いてあり、音声とずれている。

　映画に限らずテレビや動画などに付けられた字幕はどれも同じ状況だ。

　英語や日本語の場合、字幕は音声と一致するのが当たり前だ。「どこで？」と音声で言っていれば字幕も「どこで？」と書いてある。だが、広東語ではそうなっていない。

　どうして音声通りに書いていないのか。いったい、何語で書かれているのか。

　それはこの後、じっくり見ていくことにしよう。

　ところで、字幕とは話がずれて余談になるが、映画のオープニングやエンディング部分に現れるタイトルバックの文字にも不思議なことがある。時々、古い映画を見ていると、漢字が右から左へ向けて書かれているのだ。

　例えば、オープニングの映画タイトルが現れる箇所で、"唐山大兄"（『ドラゴン危機一発』1971）が"兄大山唐"となっていたりする。どっちから読めばいいのだろうと迷ってしまう。

　漢字は縦書きでも横書きでも書ける文字だが、縦書きの場合、1行に1文字だけ入れて改行を繰り返していくとまるで右から左へ字が流れるように見えるからだ。現代の感覚からすると大変見づらいが、日本でも昭和の少し古い時代までは同じような書き方があった。

香港映画はエンディングではタイトルバックに"劇終"「終わり」(The End) という文字列が出てくるが、これも古い映画では漢字が右から左になっているので"終劇"に見える。"終劇"と覚えてしまいそうだが、そうではない。

　ジャッキー・チェンたちの昔のカンフー・アクション映画では、最後の敵を倒すやいなや、早々と"劇終"が出てあっけなく終わる。回収されない謎がたくさん残り、「ええ? これで終わり?!」と啞然とするが、このテンポの良さもまた香港映画の魅力だ。

広東語で書くのではない

　本題に戻ろう。香港映画の字幕の言葉は、なぜ音声と一致した広東語で書かれていないのだろうか。字幕の言葉は何語なのだろうか。

　第2章で見たように、広東語は香港の標準語である。これはつまり、標準的な話し言葉という意味である。

　だが、書き言葉では少々事情が違う。香港の標準的な書き言葉は広東語ではない。つまり、話すときの広東語表現をそのまま文字化したものは標準的な書き言葉ではないのだ。

　だから、映画では音声で"冇問題"「問題ない」と言っているのに字幕はそう書かれない。同じように、音声で"唔該!"「ありがとう!」と言っても字幕ではそう書かない。字幕で音声通りに書くことがないわけではないが、それらはオフィシャルな書き言葉とは見なされない。オフィシャルな、標準的な書き言葉では、「問題ない」は"沒問題"、「ありがとう」は"謝謝"と書かれるのだ。

　第1章では広東語の単語・フレーズや文の組み立て方を紹介した。例えば、「お手洗いはどこにある？」は"洗手間喺邊度？"という。こう説明すると、てっきり書くときにもこれをそのまま使うのだと思ってしまう。だが、そうではない。書くときは"洗手間在哪裡？"とするのが正統だ。第1章で学んだ表現はあくまで話し言葉で使う表現なのである。一般の広東語の語学テキストが教える表現もまた話し言葉の表現である。

　だから、これらをマスターしても香港の本や新聞、雑誌を読めるようにはならないし、映画字幕も読めない。

　では、香港の標準的な書き言葉はいったい何語なのだろうか。香港の人はいったい何語で読んだり書いたりするのだろうか。

　香港の映画DVDやブルーレイのパッケージを見てみよう。字幕の言語には"中文"（Chinese）と"英文"（English）があると書いてある。どうやら、字幕の言葉は"中文"すなわち「中国語」と呼ばれているらしい。

　ということで、香港の標準的な書き言葉はさしずめ「中国語」と呼ぶのが妥当なようだ。何だかわかったようなわからないような感じかもしれないが、後で詳しく説明する。とにかくまずは、広東語で書くのではない、ということをしっかり抑えておこう。

書くときは同じ「中国語」

「ありがとう」の意味の"唔該！"は書き言葉では"謝謝！"となるというくだりを見てピンと来た人もいると思うが、香港の標準的な書き言葉は北京語をベースにしてで

きている。もう少し正確に言うと、中国北方方言の語彙と文法をベースにしている。この書き言葉は、大陸、台湾、シンガポールといった中国語圏で広く共通して使われるものである。もっとも、漢字は中国大陸・シンガポールは簡体字で、香港・台湾は繁体字という違いがある。"謝謝！"は中国大陸では"谢谢！"と書かれるわけだ。

"謝謝"（シエシエ）が北京語で「ありがとう」を意味することは日本でもよく知られている。余談ながら、どういうわけか「シェイシェイ」という発音だと思っている人が多い。だが、カタカナで書くとしたら「シエシエ」のほうが近い。実際、パソコンで「シエシエ」と書いて漢字変換したら"謝謝"の字が出て来る。「シェイシェイ」では出てこない。

"沒問題"というのも北京語の言い方である。北京語では「問題ない」は"沒問題"（メイウェンティー）と言う。

そういうわけで、実は北京語がわかれば、広東語を知らなくても、香港の標準的書き言葉は理解できるのだ。

実際、筆者もその恩恵を受けた。北京語を先に勉強していたので、広東語がほとんどできなかった時期でも、中国語字幕を頼りに香港映画を理解することができたし、香港の人と中国語で手紙のやり取りもした。

広東語と北京語は、お互いの母語しか知らなければ意思疎通ができず、まるで2つの別々の言語と言っていい。しかし、広東語が母語の人も、北京語が母語の人も、読んだり書いたりするときは同じ「中国語」を使う。別々の言語ほどに違う広東語と北京語がともに「中国語」という単一言語のサブカテゴリーとして1つにまとめられるのは書き言葉が同じだからだ。

北京語で書くのでもない

おさらいしよう。香港では、話すときは広東語を使い、書くときは中国語圏共通の中国語を使う。だから、音声では"唔該"と言っていても、字幕では"謝謝"となる。これだけならさほど難しい話ではない。

だが、話をややこしくしているのが、この書き言葉の「中国語」がおおむね北京語の語彙や文法に基づいてできていることだ。

その事実があるために、香港の人は話すときは広東語、書くときは北京語を使っていて、話すときと書くときとで言語を切り替えているという風に考えられることがしばしばある。

だが、その理解は正しくない。

なぜかというと、香港の人は「中国語」を読んだり書いたりするときにも頭の中では漢字を相変わらず広東語音で読んでいて、北京語にスイッチしたりしていないからだ。例えば"謝謝"という文字列は、北京語音で「シエシエ」と読むわけではなく、広東語音で「チェーチェー」と読む。"沒問題"は北京語音で「メイウェンティー」と読むのではなく、広東語音で「ムッマンタイ」と読む。

確かに"謝謝"や"沒問題"自体は北京語由来の言い方である。しかし、音は広東語で読む。音が北京語でない以上、北京語に切り替えている意識にはならない。

だから、香港人は書くときになると北京語を使うとか、北京語で書くとかいった捉え方は適切ではないのだ。

何だか今一つピンとこないかもしれないが、実は日本人

にはそれほど難しい話ではない。次のように考えてみよう。

"謝謝"という文字列を見ながら「シエシエ」と読んでみてほしい。何となく北京語を使った気分になるだろう。では、日本語の漢字音で「シャシャ」と読めばどうか。北京語を使った気にはならないだろう。語彙自体は北京語由来だが発音が日本語のままだからだ。

"沒問題"も「ボツモンダイ」と読むならそれはただ漢字を日本語音で読んだだけで、北京語を話したことには全然ならない。「シャシャ」とか「ボツモンダイ」とか言って中国人に通じると思う人はいないだろう。なぜならそれは日本語だからだ。

香港人の感覚もこれと同じである。"謝謝"とか"沒問題"という文字列を書いたり読んだりするとき、頭の中の音は相変わらず「チェーチェー」とか「ムットマンタイ」のように広東語だから北京語を使っている意識がないのだ。

"謝謝"や"沒問題"のような表現は、香港人に言わせると"書面語"「書き言葉」の表現である。北京語話者から見ればこれらは日常会話の口語表現であり、およそ「書き言葉」とは言えないが、広東語話者からすれば書くときにしか使わない。だから書面語なのだ。それに対し"唔該"や"冇問題"のような表現は"口語"「話し言葉」専用の表現である。書面語表現も口語表現もどちらも音は広東語だ。だから、香港人が"謝謝"と書いているとき、それは北京語で書いているのではないのだ。

というより、北京語というのは、香港人にとってみれば、読み書きする対象ではない。話し言葉（"口語"）である。

であるから、香港人は何語で書くのか、香港の映画字幕

は何語か、という問いに対しては、「中国語」（もしくは重複になるが「中国語の書き言葉」"中文書面語"）と答えるのがやはり妥当だろう。

「中国語」というのは音声に関して何も指定しない中立な言い方だからだ。

　中国語と聞くと、ほとんどの人は北京語の音で読むものだと思っている。しかし、そうではない。中国語は漢字で書かれる。漢字は音が決まっていない文字だから、北京語の発音だけでなく広東語の発音もある。だから、香港人がするように、全て広東語の音で読むこともできるのだ。ここは1つ発想を転換しよう。

広東語音で中国語を読んでみよう

　香港の人が中国語を読み書きするときに全て広東語音を使うという事実は、実は思いのほか知られていない。これは後で述べるように、広東語の生命力と関わる大切なポイントである。だが、中国語（北京語）に相当詳しい人でもこのことを知らない。中国語の文章は北京語音で読むのが当然だと思われているからだ。

　実際、筆者自身、大学で中国語を専攻していたとき、中国語を読むときは当たり前のように北京語の音を使っていたし、それ以外の読み方があるとは思ってもみなかった。

　ところが、2000年前後に2年弱ほど香港に研究助手として滞在している間に見方が変わった。周りの香港人を観察していると、中国語の文章を広東語音で読んでいる。北京語の音を使っていない。自分でも日々、広東語漬けで漢字を見ると反射的に広東語の音が思い浮かぶようになってい

たので、そのうち、そうするのが自然に思えてきた。

それで、いつしか香港人に倣って、中国語の本や新聞、論文などを黙読するときに北京語ではなく広東語の音を使うように切り替えていった。最初は読めない漢字も多かったが、発音字典を引いて片っ端から暗記する。それを続けていると、広東語での表現力がつき、そのうえ聞き取り力が飛躍的に伸びたのを覚えている。

以降、今もジャンルを問わず中国語の文章を読むときは、頭の中の音は広東語である。

どんな感じなのか、例を挙げてみる。

香港と全然関係のない文章を使おう。日本の中学の国語の教科書に出てくる魯迅の小説『故郷』から例を挙げる。「もともと地上に道はない、歩く人が多くなればそれが道になるのだ」という最後の一文は特に有名だ。

それを広東語音でこんな風に読むのだ。

其實 地上 本 沒有 路,
ケイサット テイソーン ブン ムットヤウ ロウ
走 的 人 多 了, 也 便 成 了 路。
チャウ テック ヤン トー リウ ヤー ビン セン リウ ロウ

魯迅の作品を勝手に広東語で読むなと怒られそうだが、別に字句を変えているわけではない。一字一句違えず、ただ漢字を広東語の音で読んでいるだけだ。実際、自分としては広東語の音で読んだほうがじっくり鑑賞できるし、頭に入る。

これは現代中国語の文章だが、もちろん、古代中国語で書かれた文章、つまり漢文も、同じように広東語音で読む。例えば、『論語』の冒頭の一節「子曰く、学びて時に之を

習ふ、また説ばしからずや」を例にする。

<ruby>子<rt>チー</rt></ruby> <ruby>曰<rt>ヨーック</rt></ruby>、 <ruby>學<rt>ホーック</rt></ruby> <ruby>而<rt>イー</rt></ruby> <ruby>時<rt>スィー</rt></ruby> <ruby>習<rt>チャーップ</rt></ruby> <ruby>之<rt>チー</rt></ruby>、 <ruby>不<rt>パット</rt></ruby> <ruby>亦<rt>イェック</rt></ruby> <ruby>說<rt>ユット</rt></ruby> <ruby>乎<rt>フー</rt></ruby>。

　こんな風に、ジャンルを問わず、中国語は広東語の音で読んでいる。

　そう言うと、中国語の専門家の方々からも驚かれる。だが、単に香港人の習慣に倣っただけにすぎない。

　さらに筆者の場合、中国語を読むだけでなく書くときにも広東語音を使っている。最近では書くと言っても、キーボードで打つことがほとんどだが、パソコンにChineseWriterという中国語入力用ソフトを入れて、広東語ローマ字から漢字に変換するように設定しているのだ。このソフトは筆者には大変貴重で、例えば、"謝謝"と打ちたいときは千島式ローマ字（148頁参照）でzhe zhe（チェーチェー）と打ってそこから漢字変換している（声調を表す数字は打たないで省略する）。昔は北京語ローマ字でxie xie（シエシエ）と入力する方法を使っていたのだが、研究や教育の都合上、広東語のフレーズや文を入力する機会が多く、広東語ローマ字入力だけに一本化したほうが効率がいいので、いつからか入力方法を変えた。

　このようにして、中国語で論文やメールを書いたり、中国語（北京語）の授業の教材や試験問題を作ったりするときも、全て広東語入力モードで打っている。

　しかし、広東語の漢字音を媒介に中国語を書いたところで、語彙と文法が書き言葉の規範に沿っていれば、見た目には同じ中国語である。それで何も問題が起きたことはな

い。

　こうして長年、広東語の音声で中国語を読んだり書いたりする実践を通して感じたことは、広東語とは「話す・聞く」ためだけの言葉ではなく、「読む・書く」ための言葉でもあるということだ。このことは後でまた触れたい。

北京語話者に有利な書き言葉

　謎多き香港の書き言葉が、少しずつ明らかになってきた。だが、まだ１つ腑（ふ）に落ちないことが残っている。

　確かに、中国語は全部漢字で書かれるから、見た目には同一の書き言葉を北京語音で読んだり広東語音で読んだりといった芸当が可能だ。

　だが、現代の中国語の書き言葉というのは、語彙や文法は北京語をベースにしているのではなかったか。だとすると、広東語ネイティブの香港人は不利になるのではないか。

　まさにその通り。香港人にとって、書くときの言葉は話すときの言葉と距離が大きく、言文不一致なのだ。

　おさらいしよう。例えば、「彼は今、日本にいない」は、広東語で話すときにはA1のように“佢而家唔喺日本”と言う。しかし、前に述べたように、これをそのまま文字化しても標準的な書き言葉には使えない。書くときには、“日本”以外は全て単語を取り換えてBのように、“他現在不在日本”としなければならない。

　言文不一致の香港では、子どもは読み書きを習い始めると、話し言葉のどういう表現がそのまま書いてはいけないかを習うことになる。

（A1）〈話すとき〉広東語話者

佢	而家	唔	喺	日本。
コユ	イーカー	ン	ハイ	ヤットブン

（B）〈書くとき〉広東語話者・北京語話者

他　　　現在　　　不　　在　　日本。

（A2）〈話すとき〉北京語話者

他	現在	不	在	日本。
ター	シエンツァイ	ブー	ツァイ	リーペン

　一方、北京語話者の場合はそうではない。話すときはA2のように"他現在不在日本"と言い、書くときもこれをそのまま文字化してBのように書けばよい。つまり、言文一致しているのだ。

　このように、中国語の書き言葉は北京語を話す人に有利なようになっている。けれども、これは昔からそうだったわけではない。

　そもそも清朝末期まで、中国では正式な書き言葉には周代から漢代ごろの古代中国語に倣った文語文（"文言文"）をずっと使用していた。日本でいう漢文のことである。話し言葉のほうは大きく変化したのに、書き言葉のほうは古典の時代から2000年近くもの間あまり変わらなかったのだ。それで、時代が下るにつれ、著しい言文不一致の状態が生じた。文言文を読み書きできる人はごく一握りの知識人に限られ、一般民衆は蚊帳の外だ。

　そこで、清朝が倒れた後、中華民国期の1920年ごろになると、北方方言の話し言葉をベースにした口語文（"白話

文”）を書き言葉の中心に据える言文一致運動が起こった。この文体が次第に洗練されていき、現代中国語の書き言葉ができたのだ。

日本語でも明治初期に言文一致運動が起こり、文語体から口語体で書くようになった。

だが、中国は元々の地域ごとの言語差がとてつもなく大きい。北方と南方では言葉が全然違う。だから、北方方言の話し言葉をベースにしてできた現代中国語の書き言葉は、広東語など南方の方言話者にとっては、また新たな言文不一致を生み出すことになったのだ。

香港式中国語

現代中国語の書き言葉は北京語話者以外にとって言文不一致であると言っても、中国大陸のように普段から北京語を話す機会が多いところでは影響は小さい。

しかし、香港のように広東語が中心で北京語を話さないで済む環境では、北京語の語彙と文法がベースになった書き言葉はどうしても習得が難しい。

そのため、香港で目にする書き言葉は、話し言葉の広東語の影響が強くにじみ出たものになっている。他の中国語圏と比べて香港独特の特徴を持った文体で、“港式中文”「香港式中国語」と呼ばれる。おもには広東語の影響が強いが、文言文の名残りや英語の影響も見られる。

香港の街角の「香港式中国語」を拾ってみよう。

バスの車体の昇降口の脇に、“落”（ローック）という字が書いてあるのが目を引く（図3‐2）。日本人が見ると思わず「落ちる」だと思ってしまうが、これは「降りる」

図 3 - 2　"落"「降りる」　著者所蔵

という意味だ。「車を降りる」は広東語では"落車"（ロー
ックチェー）という。なので普通に降りればよい。一方、
書き言葉では"下車"（ハーチェー）となる。ゆえに、本来
なら車体には"下"と書くべきところだ。

　図 3 - 3 の写真はバスの車体に"日本靜岡等你嚟玩！"
「静岡はあなたが遊びに来るのを待っている！」と書いて
あり、香港人向けに出された観光の広告である。このうち
"嚟"（ライ）「来る」は話し言葉の広東語の言い方でそれ
をそのまま文字に書いている。正式な書き言葉では「来
る」は"來"（ローイ）と書くべきだ。

　こうして香港の地元民向けに書かれた中国語は、どうし
ても広東語の要素がたくさん混じった香港式中国語になり
がちだ。「真面目な」媒体ではこういう書き方はご法度な
のだが、きちんと書けないというよりも、お互いに広東語
話者同士、親しみを持たせるためにわざとそうしている節
がある。

図3-3　バスの車体広告の「香港式中国語」　著者撮影

　特に広告や標語の類は、大声で訴えかけるような性質の
ものだから、話し言葉と相性がいい。いきおい、広東語特
有の表現がそのまま文字化されることが多い。

　新聞、雑誌などの定期刊行物でも、大衆向けであればあ
るほど話し言葉の広東語の要素が混じる。会話のカギ括弧
の中では全部が話し言葉の広東語そのままということもあ
る。

　こうした香港式中国語は、広東語を知らないと読めない。
"嚟"のような広東語特有の字は、北京語話者には文字化
けのように見えるという。だが、それがゆえに香港ローカ
ルの中国語世界を作り出すアクセントにもなっている。

　香港の標準的な書き言葉は、確かに北京語を知っていれ
ば読める。だが、香港らしい中国語を読むためには、やは
り広東語の知識が必要だ。

　それだけではない。序章で紹介したアメリカなど海外チ
ャイナタウンの広告や表示も、広東語要素が混じったもの

をよく見かける。香港人など広東語を母語とする華人移民
が多いからだ。

2　広東語で漢字を読む

香港ポップスの不思議

　前節で香港映画の字幕の謎を解説したが、次に香港広東
語ポップスにまつわる謎を手がかりに、香港の書き言葉を
見ていこう。

　広東語ポップスと言っても、縁がないと思われるかもし
れないが、実は日本ととても関係が深い。筆者が広東語ポ
ップスに引き込まれた1990年代は、中華圏のポップス界を
席巻していたのは香港や台湾の歌手であり、わかりやすく
言えば2000年代の韓流のような感じだった。特に香港は国
際感覚豊かな洗練されたスターたちがたくさんいて、広東
語ポップスは日本でも静かな注目を集めていた。

　当時、『アジアNビート』という、フジテレビの深夜枠
で中華圏のほか韓国、タイなどのアジアンポップスのヒッ
トチャートをユースケ・サンタマリア氏が司会として紹介
する、今から考えると伝説の番組があった。まだ韓流ブー
ムに火が付く前のことだ。香港の歌手が時折ゲスト出演す
ることもあり、毎週楽しみに見ていた。そして、香港に行
くたびにCDを買い集めてはカラオケで歌えそうな広東語
曲を増やしていった。

　筆者が親しんだ90年代の広東語ポップス全盛期には、日
本にも熱心なファンがたくさんいた。当時、アイドル的な

人気を誇っていた香港の4人の男性歌手"四大天王"のうち3人の来日コンサートに行ったが、客席からは広東語で声援が飛んでいた。80年代に歌手として人気絶頂期を迎え俳優としても一線級の活躍をしたレスリー・チャンも2000年に日本公演を行っている。

　女性歌手では北京出身で香港に来てブレークしたフェイ・ウォンが1990年代後半に来日し、武道館でコンサートを開くほどの人気ぶりだった。筆者も見に行ったが、15分遅れでマイペースな調子で始まったものの、さすがの歌唱力に会場全体が酔いしれた。

　ウォン・カーワイ監督の映画『恋する惑星』でトニー・レオン演じる警官に恋するちょっと変わった女の子を演じたフェイ・ウォンは、当時中華圏の女性のファッションアイコンでもあり、テレサ・テンにも擬せられるほどの存在感だったのだ。

　そんなフェイ・ウォンの初期の出世作となった曲は、中島みゆき作曲、ちあきなおみが歌う日本語曲「ルージュ」をカバーした"容易受傷的女人"(「傷つきやすい女性」)である。この曲のように当時の香港ポップスは日本の歌謡曲のカバーがとても多い。中島みゆきのほか、吉川晃司、徳永英明、安全地帯、近藤真彦らの歌がよくカバーされていた。ただし、メロディーは同じでも歌詞の内容はまるで違う。

　そもそもタイトルからして日本語の原題と違う。サザンオールスターズの名曲「真夏の果実」の広東語カバー曲は"毎天愛妳多一些"(「毎日もっと君を愛する」)というタイトルだ。香港"四大天王"の一人ジャッキー・チュン(張

學友）の代表曲の１つで、サザンの原曲に負けず劣らず名曲に仕上がっている。ほかにも、KAN の「愛は勝つ」が"壯志驕陽"（「照り輝く大志」）になり、槇原敬之の「もう恋なんてしない」が"我的親愛"（「僕の愛しい人」）になっていたり、福山雅治の「桜坂」は"一生中一個你"（「一生で君一人」）という風に全然違うタイトルになっていたりする。

　このように、カバー曲を通じた広東語ポップスへの日本の影響は計り知れない。

　さらに言えば、周舒静の博士論文が指摘しているように、それより前の1970年代、日本のテレビドラマが香港で大量に放送されていた時期に、主題歌やテーマ曲がたくさん広東語でカバーされ親しまれていたことも見逃せない。

　1975年のドラマ『俺たちの旅』の同名の主題歌（歌・中村雅俊）は"前程錦繡"（「前途洋洋」）という広東語曲となり、同年の刑事ドラマ『Ｇメン'75』のテーマ曲「面影」（歌・しまざき由理）は全然雰囲気の違う"猛龍特警隊"（「猛龍特殊警察部隊」）という広東語曲としてカバーされ、いずれも人口に膾炙（かいしゃ）している。

広東語の歌は言文不一致

　さて、広東語のポップスは謎だと言ったが、どういうことかというと、歌詞が"書面語"（書き言葉）で書かれているため、歌うときに言文不一致になるということだ。

　例を挙げよう。前述の中島みゆき「ルージュ」のカバー曲"容易受傷的女人""傷つきやすい女性"は、歌詞の中にもタイトルと同じ表現が出てくるが、"口語"（話し言

図3-4　フェイ・ウォン　『Coming Home』『迷』CD ジャケット

葉）ではこういう言い方はしない。"的"「～の」という語は書き言葉専用なので話すときには"嘅"という（第1章参照）。つまり、話し言葉では"容易受傷嘅女人"のようにいう。

　先に述べたように、現代中国語の書き言葉は北京語の語彙・文法がベースになっているから、広東語話者にしてみれば言文不一致だ。にもかかわらず、歌う時にはこの書き言葉を使うのである。

　これはよく考えるとかなり変な習慣だ。日本語の感覚からすると、歌を歌うときに言文不一致の言葉を使うというのはとても奇妙に感じられる。

　わかりやすくするため、日本が誇る国民的漫画『ドラえもん』のアニメの主題歌の広東語版を例にしよう。

　ドラえもんは香港でも1980年代から広東語吹き替えで放送されており、時代を超えて子どもたちに愛されている。「こんなこといいな　できたらいいな」で始まるテーマ曲にも広東語カバーがある。香港の人気歌手ケリー・チャン

（陳慧琳）が歌う以下のイントロの曲だ。歌詞の内容は日本語の原曲とは少し違う。

人 人 期 望 可 達 到
ヤン ヤン ケイ モーン ホー ターット トウ

我 的 快 樂 比 天 高
オー テック ファーイローック ベイ ティン コウ

人 人 如 意 開 心 歡 笑
ヤン ヤン ユー イー ホーイ サム フン シウ

跳 進 美 夢 尋 獲 美 好
ティウ チョン メイ モン チャムウオーック メイ ホウ

（"多啦Ａ夢"「ドラえもん」の音訳）

「誰もが願いがかなえられる　私の楽しさは天より高い
　誰もが思いのまま楽しく笑い　美しい夢の中に飛び込んで素晴しいものを見つける」

　日本語版の歌詞は「こんなこといいな　できたらいいな　あんな夢こんな夢　いっぱいあるけど」となっており、子ども向けの歌にふさわしく、平易な話すままのスタイルの日本語で書かれている。つまり、言文一致度が高い。それに比べると、広東語版の歌詞は話すときには決して使わない書き言葉専用の表現で書かれているのだ。

　雰囲気を感じてもらうため、日本語版の「こんなこといいな」の歌詞を文体だけ真似て書き直すとすれば、広東語版は「このようなことはよい　できるとよい　あのような夢このような夢　沢山あるが」と歌っているような感じになる。子ども向けの歌なのによくこんな硬い歌詞を歌えるものだと不思議に思うが、香港人に言わせれば、広東語では歌詞というのは文学作品のようなものだという。

漢詩のような歌詞

確かに一理ある。そもそも、広東語の歌の場合、歌詞を作るのはかなりの教養が必要で、誰にでもできるわけではなく、匠の技が求められる。まるで漢詩のような定型詩を作るのに似ているのだ。

というのは、広東語では１つ１つの音節に声調が付いているが、歌詞の中の漢字が持つ声調が曲の音程や上げ下げにマッチするようにしなければならないのだ。その点、北京語は広東語ほど声調の種類が多くないのでメロディーとのマッチングは要請されない。

試しに歌詞の出だしの"人人期望可達到"の７つの漢字の声調を音符のように矢印で示すと図３−５のようになる。この７文字の広東語音が「こんなこといいな」の歌のメロディーに沿っているのがわかるだろうか。参考までに、日本語版の歌詞を広東語の歌詞の下に同期させてみる。"人" yan⁴（ヤン）や"期" kei⁴（ケイ）のような第４声は、下がり調子というよりは低く抑える調子であることを念頭に見てほしい。

このように、作詞するときには、個々の漢字自身が持つ声調がメロディーと合うように、適切な漢字を選ばなければならない。だから、広東語曲ではつねに先にメロディーの枠が決まっているところに、"詞"（言葉、単語）をはめていく。それで作詞は"塡詞"「詞を埋める」と言われる。

それに加えて韻を踏まなければならない。先の歌詞で言えば、１，２，４行目の最後の字"到"（dou³）、"高"（gou¹）、"好"（hou²）の発音はどれも -ou という母音で韻を揃えてある。もちろん、歌詞全体が意味が通っていて、

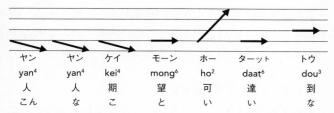

図3-5 "多啦Ａ夢"「ドラえもんのうた」メロディーと広東語声調

かつ詩的でなければならない。

　宋代に流行した「詞」という韻文形式はこのように定型の曲調に適切な漢字を埋めていく"塡詞"の方法をとっていたのだが、広東語の歌詞は、（アニメソングですら）さながら宋詞を思わせる芸術作品のような趣を持っているのだ。そう考えれば、普段話す言葉と言文一致しない書き言葉で歌詞が綴られているのも理解できる。

　ただし、言文一致した話し言葉の歌詞が全くないわけではない。大衆的な親しみやすさを出すにはうってつけで、その代表が第1章で触れた爆笑コメディ『Mr.Boo！ミスター・ブー』の映画冒頭でサミュエル・ホイ（許冠傑）が歌う《半斤八両》だ。

　とはいえ、恋愛や情景をしっとりと歌う広東語ポップスには通俗性が伴う話し言葉の歌詞は好まれない。むしろそのままでは決して口頭で使われることのない言文不一致の歌詞が普通である。

　文学作品だからとはいえ、言文不一致で歌を歌うというのはやはり日本人の感覚としては納得しづらいものがある。けれども、中国語圏共通の書き言葉で書かれているからこ

そ広東語を知らない華人も歌詞を味わうことができる。広東語ポップスが広東語圏を越えて高い人気を得た原因の1つはそのあたりにあるのかもしれない。

広東語ならどんな漢字も読める

思わず広東語ポップスの話が長くなってしまったが、それにはわけがある。

前節で、中国語の文章を広東語の漢字音だけで読む筆者自身の経験について述べた。香港に住んでいたときに根付いた習慣だが、その基礎は香港ポップスの歌詞を通じてすでに一定程度身についていた。ポップスの歌詞は書き言葉で書かれているから、話し言葉では出てこない "這"（チェー）「この」とか "很"（ハン）「とても」といった常用の書面語表現の読み方も自然と覚えられたのだ。

だから、香港に行ってから中国語の文章を広東語音で読むように切り替えられたのは、ポップスのおかげなのである。しかも、憧れの歌手の歌をカラオケで歌いたいという動機があるから、楽しく覚えられ、全く苦行ではなかった。ポップカルチャーの力はつくづく大きい。

話を戻そう。何度か触れたように、中国語は漢字という文字で書かれ、読み方に縛りがない。ゆえに、北京語だけでなく広東語でも読める。

すると、ここで1つ疑問がわく。

では、上海語や福建語（閩南語）など他の中国語方言の母語話者も、それぞれの漢字音を使って同一の中国語の文章を読んでいるのだろうか。例えば、先に挙げた魯迅の『故郷』の一節はどうだろうか。

　確かに、理屈の上では可能である。だが、現実には無理だ。中国大陸でも台湾でもすでに北京語で教育を受けるようになって久しい。古典から現代語まであらゆる中国語の文章を、北京語の漢字音を使わずに読み通すのは不可能だ。

　試しに、閩南語と北京語バイリンガルの台湾人に、上述の"這"「この」や"很"「とても」を閩南語音でどう読むか聞いてみたが、閩南語で使わない字だから読み方がわからないという。

　一方、香港では、中国語の読み書きを広東語の漢字音で習うため、よほどの難字でない限り、基本的にどんな漢字でも広東語で読める（最近の変化については第4章参照）。

　その代わり、逆に北京語で読めなかったり、読み間違えたりという事態がよく起こる。

　以前、香港で広東語研究の国際学会に出たとき、ある分科会で50代ぐらいの香港人教授が北京語で司会をしようとしていた。アメリカ帰りで英語はお手の物だが、北京語は見るからに苦手そうだ。案の定、発表タイトルの1つにあった"嵌套"（ハムトゥ）「埋め込み、はめ込み」の"嵌"の字の北京語読みがわからず、発表者に事前にこっそり尋ねていた。答えは「チエン」だ。広東語の「ハム」とはかけ離れている。香港の人は北京語を正式に習ったことがなくても、何となく我流で広東語の音から類推で北京語の音を導き出す術を心得てはいるが、さすがに思いつかなかったのだろう。

　というわけで、先の疑問に戻ると、中国語の文章を読み上げるための漢字音には、理屈の上では色々な方言音がありえる。だが、現実に教育で体系的に使用されているのは

137

北京語と広東語の２つだけである。

　つまり、この２つだけが現在、中国語で読み書きを習う
ときに使える音声オプションなのである。このことを念頭
に置きつつ、いよいよ、一歩進んで広東語とは何なのか、
広東語の真の実力について考えてみたい。

3　「中国語」活動は広東語だけでできる

中国語の代表

　本章の冒頭で述べたように、香港での広東語の生命力の
源は実は書き言葉の仕組みにある。

　香港の書き言葉の重要なポイントは第１節、第２節で見
たように、２つある。

　第一に、書き言葉は他の中国語圏と同一の中国語を使う
ということである。これにより、言文不一致が生じる一方、
大陸や台湾の人たちと同じ文字文化を共有することができ
る。抽象概念や文化概念の語彙に事欠かない中国語を読み
書きに使うことで、広東語のフォーマルな話し言葉の語彙
も豊かになる。

　もう１つのポイントは、あらゆる漢字を全て広東語の音
で読むということだ。一見すると何ということはないのだ
が、実はこれが香港で北京語への言語の取り換えが起こら
ない最大の要因である。

　なぜなら、この習慣のおかげで、「話す・聞く」活動だ
けでなく、「読む・書く」活動でも北京語に頼ることなく
広東語だけで済ませることができるからだ。

　ここにおいて、4技能の全てが広東語で完結するという
「中国語」の世界が現れる。

　香港の「中国語」世界を図3‐6（次頁）に示す。比較
のため大陸の状況も挙げておく。「話す・聞く」活動では
最も重要な言語だけを挙げ、「読む・書く」活動では標準
的な書き言葉の状況に絞って、話をシンプルにしておく。

　まず、「話す・聞く」について、広東語も北京語もとも
に中国語の1種である。そこで、香港は「中国語（広東
語）」、大陸は「中国語（北京語）」を話すというように書
いておこう。この2つの「中国語」はまるで別言語のよう
に違う。

　一方で「読む・書く」については、香港でも大陸でも同
一の「中国語」を使う。漢字が繁体字と簡体字というよう
に違っているのだが、それは表面的な違いで、慣れればお
互いすぐ読めるようなものだからイコールで結んでおく。
むしろそれより大きな、目に見えない違いは、この「中国
語」の読み上げ音声が、香港では広東語、大陸では北京語
という点である。

　こうして比較してみるとわかるように、香港の「中国
語」活動は、「話す・聞く・読む・書く」の4技能全てで
広東語オプションを使っていて、どこにも北京語オプショ
ンが出てこない。

　つまり、平均的な香港人にとって、中国語というのはつ
ねに広東語の姿で現れるものなのであり、広東語こそが中
国語を代表しているのである。

　香港人は外国人が広東語を話すのを見ると、「中国語
（"中文"）が話せるんですね」とか「中国語、上手です

図3-6　香港と中国大陸の標準的「中国語」活動

　ね」と言う。もちろん、「広東語、上手ですね」とも言うが、「中国語」と言ってもおかしくない。

　日本の通常の感覚では「中国語」と言えば北京語を指すので、香港人のこの言い方は違和感があるかもしれない。だが、香港は「中国語（広東語）」というモードが普通の社会だ。英語、日本語、韓国語などの外国語と対置される言語としての「中国語」は、広東語の姿で現れるのが常態だ。だから、広東語を話す外国人を見て「中国語」を話していると形容するのは、少しもおかしくないのだ。

　一般に香港の人は広東語を母語とし北京語が得意でない印象から、「中国語」をきちんと習わない、ゆえに中華文化に馴染みが薄いとか思われることがある。だが、そうではない。「中国語（広東語）」で古典から現代まで中華文化を一通り修めるのだ。

　ちなみに、「中国語（広東語）」というモードは香港が代表だが、香港に限ったものではない。本書では取り上げなかったが、マカオについても基本的に同じモードが当てはまる。そして、第1章で見たように、かつてのアメリカの

華人社会にも当てはまるものだった。

広東語は話し言葉専用ではない

こうして図3‐6でまとめたように整理していくと、広東語とはいったい何を指すのか、広東語という言葉の指す範囲はどこからどこまでなのか、ということもあらためて考えさせられる。

というのは、「話す・聞く」言葉だけでなく、「読む・書く」言葉も含め、およそ広東語の音声で発せられる言葉は全て「広東語」と呼ぶのが妥当だからだ。

でなければ、「読む・書く」言葉で書かれた歌詞を広東語音で歌う香港ポップスが"廣東歌"や"粤語歌"（広東語の歌）と呼ばれる事実がうまく説明できない。

だが、一般には「広東語」と言えばもっぱら「話す・聞く」ときに使う言葉だけを指すのが慣例になっている。第1章で紹介した「広東語」の概要も、その慣例に従って「話す・聞く」言葉に限定してある。なぜなら、「読む・書く」言葉は北京語の場合と同一で独自性がないからだ。

そのために、しばしば広東語は話し言葉専用の言語だと言われる。実際、筆者自身も説明を端折ってそのように言ったことがある。しかし、本当を言うと、それは一面的で、実際は「読む・書く」場合にも使われるのだ。

それに対して、いや、広東語はやはり「話す・聞く」ための言葉だ、なぜならそれ自身の書き言葉を持っていないからだという反論が予想される。

"冇問題"「問題ない」とか"唔該"「ありがとう」とか、広東語で話すままを文字化した書き言葉はあくまで非標準

的なもので、標準的な書き言葉では"沒問題"や"謝謝"のようにしなければならない。ゆえに広東語はそれ自身の書き言葉を持っていないというわけだ。

この指摘は一見すると正しいように思える。だが、大事な点を見落としている。

図3‐6の〈読む・書く〉のところで示したように、香港では標準的な書き言葉も広東語の音で読まれる。"沒問題"は「ムットマンタイ」、"謝謝"は「チェーチェー」のように読まれる。であれば、これもまたまぎれもなく広東語である。つまり、香港の言語学者（Cheng Siu-Pong と Tang Sze-Wing）が示唆するように、この標準的な中国語の書き言葉を広東語にとっての書き言葉と見なすことができるのだ。だから、少なくとも香港では広東語は書き言葉を持っているし、話し言葉専用の言葉ではない。

確かにこの書き言葉は話し言葉とひどく乖離した言文不一致体である。だが、書き言葉というのは話し言葉と一致していなければならないという理屈はどこにもない。それは私たち外国人の目から見た勝手な思い込みではないか。

現に、香港の人はこの言文不一致の書き言葉に馴染んでいて、これを広東語音で読み書きするのが日常になっているのだ。

また1つ映画から例を挙げよう。

『ポリス・ストーリー／香港国際警察』に続くジャッキー・チェン主演の名作『ポリス・ストーリー2／九龍の眼』のワンシーンだ。誘拐された恋人のメイを助けにチェン刑事は犯人のアジトに駆けつけるが、奇襲に遭って縛り上げられてしまう。犯人グループはメイの持ち物の中から

見つけたチェン宛てのラブレターをわざと2人の目の前で読み上げてからかう。"當你讀着這封信的時候"「あなたがこれを読む時」で始まる手紙は中国語の書き言葉で書かれているが、犯人の1人はそれをそのまま広東語の音で読み上げ、チェンや残りの者たちもそれを聞いて内容を理解しているのだ。

もう1つの標準中国語

　本節冒頭の話に戻ろう。香港では中国語は「話す・聞く・読む・書く」の4つの活動全てを広東語のオプションだけで済ませている。

　しかし、このことは突き詰めて考えれば、単に香港の話だけに留まらない、もう少し深い意味を持つことだと思われる。

　というのも、一般には中国語の中で「話す・聞く・読む・書く」が完璧にこなせるのは北京語だけだと思われている。北京語が「標準中国語」と見なされるゆえんだ。確かに、他の中国語方言は「話す・聞く」領域におけるオフィシャルな機能が弱いし、「読む・書く」領域には使えない。

　ところが、広東語に限ってはそうではない。香港の例が示すように、「話す・聞く・読む・書く」の全てがこなせるのだ。

　であれば、広東語は北京語と並ぶ中国語のもう1つの標準的オプション、すなわち標準中国語であると見なせるのではないか。これが本書で主張したいことだ。

　そう考えれば、香港で北京語への置き換えが起こらない

原因がもっと簡単に説明できる。北京語は確かに「標準中国語」である。だが、広東語自身がすでに「標準中国語」として存在している。だから北京語の入って来る余地がないのだ。

怠け発音——nとlの混同

実際、広東語は香港では放送や教育で使われるだけにかなり標準化されている。

言葉の標準化というのは一般的に、書き言葉における正書法、語彙・文法の規範化の形で現れ、話し言葉においては発音の規範化として現れる。

香港の広東語の場合、書き言葉は他の中国語圏と同一のものを使っていて同じ規範を持っているから、標準化の点で特に独自性はない。だから、広東語固有の標準化といえば、どうしても話し言葉における発音の規範の話になる。

発音の規範をめぐっては、香港では"懶音"「怠け発音」という発音の乱れの現象がよく指摘される。返還前の1970年代末にはすでに教育当局から教育現場での是正が勧告されていたという。

「怠け発音」とはいったいどんなものなのだろう。1つ例を挙げよう。

第1章で広東語の「こんにちは」は"你好"（ネイホウ）だと述べた。だが、実を言うとこの発音はかなり規範的な発音で、現実にはあまり聞くことが多くない。というのは「レイホウ」と発音する人が圧倒的に多いからだ。「あなた」を意味する"你"（ネイ nei[5]）のnがlに発音されて「レイ」となるのだ。このように、頭子音のnをlで

発音するのが広東語の代表的な「怠け発音」である。

　広東語には別途、lという頭子音もある。例えば李小龍（ブルース・リー）の姓の"李"の字は lei⁵（レイ）だ。だが、どういうわけか広東語話者には n と l は同じ音に聞こえるらしい。なので"你"と"李"は同じ lei⁵ という発音になる。

　余談ながら、広東語話者は母語で n と l を混同してしまうぐらいだから、外国語を話すときも n と l の区別が苦手である。中学で英語を教える香港の友人は、little というのを nittle と発音していて、英語教員がそれで大丈夫なのかと思った。これは本当は l で正しいのだが、n に直さなければならないという意識が強く働いて、直さなくていいものまで過剰に修正して n と読んだわけだ。

　日本語の「なにぬねの」と「らりるれろ」は、我々には全く違う音で難なく区別できるが、広東語母語話者にはこれも同じように聞こえ、区別が難しいらしい。おかげで、「なら」（奈良）を「らら」と発音したり、「しぬ（死ぬ）」を「しる（知る）」と発音したりする。

　発音の標準化については、ほかにも、日本のように漢字の正しい読み方の議論も盛んだ。例えば、"擴張"の"擴"は kwok³（クォーック）が正しいはずだが、多くの人は kwong³（クォーン）と読んでいるとか、"糾正"「正す」の"糾"の字は慣用で dau²（タウ）と読む人が多いけれども本来は gau²（カウ）が正しいといったような指摘がテレビやラジオの番組、新聞のコラムなどでなされる。

　日本語でも「重複」は「じゅうふく」ではなく「ちょうふく」が正しいとか、「依存」は「いぞん」ではなく「い

そん」が正しいといったような議論があるが、それに似ている。

　こんな風に、香港では広東語は放送や教育の言葉として使われるため、その用途に堪えるぐらい標準化がなされている。

ローマ字表記が不統一

　広東語は実態としてはもう1つの標準中国語と言える実力を備えている一方、実力と見合わないぐらい「ほったらかし」の扱いをされている側面もある。

　それをよく表しているのが、広東語の発音表記の不統一の問題だ。

　香港には漢字に広東語の読み方を振るための標準規格の発音表記がないのだ。日本語では漢字にはひらがなで読み仮名を振る。しかし、広東語にはそのような文字はないため、ローマ字で読み方を示すしかない。中国大陸の場合、北京語の漢字音を示すローマ字表記法として“漢語拼音方案”という標準規格があり、学校で習うので誰でも知っている。ところが、広東語にはそれに相当するような標準的なローマ字表記法がないのだ。

　香港では中国語と並んで英語も公用語の1つであるため、中国語の人名や地名にも公式には英語訳が必要になる。英語訳はいくつかのタイプがある。1つは“銅鑼灣”という地名を Causeway Bay とするように最初から全部英語の単語で訳すものだ。もう1つは“灣仔”という地名を Wan Chai とするように中国語地名の広東語読みをローマ字で発音表記したものだ。

　だが、これらのローマ字表記法は正直なところかなり適当で行き当たりばったりだ。

　同じ漢字に違うスペリングが当てられていることがよくある。例えば、"葉"という姓は、映画『イップ・マン』の主人公、葉問のようにIpと綴ることもあれば、Yipと綴ることもある。逆に同じスペリングが違う発音を表していることもある。香港で最大の道教のお寺"黄大仙"Wong Tai Sinの"大"taiと、香港島北岸にある地名で香港在住の日本人が多く住むエリア"太古城"Tai Koo Shingの"太"taiの字は、広東語発音は"大"daai⁶と"太"taai³というように全く違うが英語表記では同じ綴りになっている。

　ただ、日本語でも固有名詞のローマ字表記には統一性がない。「大」の字は「大阪」Osakaではoだが、「大野」Ohnoではohという綴りになっている。他方、パソコンのローマ字入力で「大」をタイピングするときはooと打つ。よく考えるとかなり一貫性がない。

　それでも、日本の場合は学校で統一規格のローマ字表記を習う。ところが、香港では学校で皆が習うような広東語ローマ字表記がない。だから、教育レベルの高い人でも広東語の発音をローマ字でどう書けばいいのか知らない。

　では、香港人はどうやって広東語の漢字の読み方を習うのかと言えば、簡単な字なら日常会話で聞いて覚え、少し難しい字は学校で先生から口伝えで習うのだという。

　ローマ字表記法がきちんと確立されていなくてもネイティブは別にかまわないかもしれない。だが、我々のようなノンネイティブが広東語の発音を習うときには大変困る。

そこで、外国人学習者向けにはローマ字表記法が開発されているが、これが教材ごとに違っており、なかなか混乱している。

香港の広東語教育の現場で影響力があるのはイエール式と呼ばれるシステムで、香港で出された広東語の教材にはこれを使ったものが多い。"多謝"はイエール式では dōjeh と綴る。もう1つ最近、広東語のローマ字表記法として香港や海外の広東語話者の間で多く使われるようになってきたのが、香港言語学会が開発した"粵語拼音 方案"略して"粵拼"Jyutping だ。"粵拼"では"多謝"は do1ze6と綴る。

一方、本書で使っている表記法はそれともまた違う。日本の広東語研究者の千島英一氏が開発した千島式というものだ。"多謝"は do¹zhe⁶と綴る。純日本産で日本限定なのだが、直感的に使い勝手がよく、日本で刊行された広東語の辞書や教材でもよく採用されている。ちなみに、筆者が中国語の漢字を広東語入力するときに使っているのもこの表記法である。

パソコンの漢字入力法

広東語のローマ字表記法を知らないなら、香港人はパソコンなどの電子機器で漢字をどうやって入力するのかという疑問を持たれるかもしれない。

日本ではパソコンの漢字入力にはローマ字を使う人が多い。「日本語」と打ちたい場合、nihongo と入力して漢字に変換する方式だ。

では、広東語のローマ字表記を知らない香港の人はどう

やって入力しているのかというと、漢字の読み方ではなく、漢字の字形に基づいた不思議な入力方法を使うことになる。

　一定以上の年齢の人が学校で習った標準的な入力法が"蒼頡"というシステムだ。蒼頡というのは古代中国の伝説上の人物で、目が4つあり、漢字を発明したとされる（図3 - 7）。

　この入力システムでは漢字の筆画をいくつかのパーツに分解して入力し、目当ての漢字に変換するものだ。例えば、"早"の字は縦に見れば"日"と"十"に分けられる。キーボード（図3 - 8）上に"日""十"などのパーツが割り振られているので、その位置のキーを打つ。アルファベットの位置で言えば、aj である。すると、"早"の字が現れる。

　これはごくごく簡単なもので、こんな楽なものばかりではない。"羅"の字を打つには"田""中""女""火""土"という5つのパーツを順に入力するのだが、我々からすると"羅"の字のどこに"田""女""火"があるのか理解に苦しむ。字形の分解の仕方は教本で勉強しないとわからない。だから、蒼頡は使えるようになるまでに訓練が必要で、かなり難しい。

　しかし、蒼頡は漢字の字形を利用した入力システムであるために、基本的に変換候補が1つの漢字しかなく、早く打てるというメリットがある。

　確かに漢字の読み方を利用した入力システムだと、同じ読み方の候補の字が複数現れる。本書を書いている間にも、「漢字」と打ちたいのに「感じ」と出てきたり、「返還」と打ちたいのに「変換」と出てきたりして、そのたびにイラ

図3-7　蒼頡　『君臣図像』より

図3-8　iPadの蒼頡用キーボード

　イラする。その点、漢字の字形に頼る入力方法だと候補が
1つに絞られる。
　ただ、習熟していないと使いこなせない。それで実際に
はその簡略版である"速成"というシステムを使う人が多
い。速成は蒼頡の最初と最後のパーツを入力して字を選ぶ
方式だ。その分、候補の字は増えてしまう。もっとも最近
は粤拼や音声入力、手書きを使う人もいるので、選択肢は
もう少し色々ある。

　それにしても、ローマ字入力が利用できないからとはい
え、漢字の字形に頼るとは、今時、かなり古風な風習に思
えるが、ある意味、伝統的な漢字文化を大切にしていると
も感じる。

第4章　英語、北京語との共存、競争

　第2章では香港の話し言葉の「中国語」（広東語）、第3章では書き言葉の「中国語」について見た。

　しかし、忘れてならないのは、香港では中国語と並んで英語も公用語だということである。また、中国語のもう1つのオプションである北京語は、返還以降、ますます重要な言語となっている。

　言うまでもなく、英語は世界の最重要言語である。北京語は母語話者が世界最大数の言語である。本章では、香港における広東語の置かれた状況を理解するために、この2つの言語との共存、競争を見ていきたい。

1　英語はどのように使われるのか

英領時代の名残り

　香港が1997年に中国に返還されてすでに20数年たつ。香港のイメージは中年以上と若い人との間ではかなり乖離があるようだ。2000年以降に生まれ、返還後の香港の姿しか知らない若い人は、かつて香港がイギリス領だったことは頭では知っていても、中国の大都市の1つで上海や深圳^{しんせん}などと同じようなところだと思っている。

けれども、香港には今も旧宗主国のイギリスの影響が、インフラや社会制度から価値観や習慣まで、ハードとソフトの両面で根深く残っている。

　生活に根付いた習慣と言えば、まず、香港の人が英語名を持っていることを不思議に思われただろう。

　本書でこれまで取り上げた香港の芸能人の名前にも、ジャッキー・チェン、ブルース・リー、サミュエル・ホイ、ドニー・イェンなど、華人なのに英語のファーストネームが付いていた。もっとも、芸能人は国際的な活動を見据えて英語名を持っていても不思議ではない。

　だが、香港では一般人でも多くの人が英語のファーストネームを持っていて、パスポートに記載している人もいる。香港人同士、友達の間や職場でも英語名で呼ぶ。筆者も英語名しか知らないままの知人が多数いる。日本人同士ではとても気恥ずかしくて真似できない。だが、旧英国領で英語が今も公用語である香港ではごく普通の光景だ。

　ヤード・ポンド法の単位もイギリスの置き土産だ。現在は公式にはメートル法の単位が使われるが、身長にはフィート"呎"・インチ"吋"、体重にはポンド"磅"を今もよく使う。肉や果物などもポンドを単位に計るし、住宅の広さはもっぱらスクエアフィートを使う。メートル法に慣れた私はいつも換算するのに苦労する。

　娯楽の面でもイギリスの影響が強い。香港では伝統的にサッカー観戦好きな人が多く、イギリスのプレミアリーグの人気が高い。街の食堂・レストランやカラオケの画面でもよくサッカー中継が流れている。

　競馬を楽しむ習慣もイギリスから持ち込まれたものだ。

返還後の変化を不安視する香港人に対し、中国の最高指導者鄧小平が "馬照跑，舞照跳"「競馬は今まで通り、ダンスも今まで通り」といったのは、今後も普段の生活には何も変わりないことを比喩的に表したもので、競馬好きの香港人を念頭に置いている。

地名・道路名に刻印された英国人

イギリス植民地時代の名残りは、香港の地名や道路名を見るとさらに一目瞭然だ。

香港に初めて旅行に行くときに必ず訪れる観光スポットと言えば、まずは香港島にあるビクトリア・ピークだ。ケーブルカーに乗ってビクトリア山の山頂付近まで上り、眼下の摩天楼や対岸の九龍半島南端を眺めるのがお定まりのコースで、夜景も美しい。現地ではただ単に The Peak（山頂）「ピーク」と呼ばれる。では、「ビクトリア」とは何かと言えば、アヘン戦争に勝利し、清朝から香港を獲得した大英帝国最盛期の女王の名前である。

ビクトリアの名前は香港のランドマーク的な地名や施設名にたくさん現れる。香港島と九龍半島の間に横たわる深い湾で、香港が国際貿易港として発展する足がかりをもたらしたビクトリア・ハーバー（維多利亞港 ワイトーレイアーコーン）、様々なイベントや集会でも用いられる憩いの公園、ビクトリア・パーク（維多利亞公園 ワイトーレイアーコンユン）が代表的だ。

さらに、街歩きをするとすぐに気づくが、市街地の主要道路の名前には、英国統治にゆかりのある人物の名がこれでもかというぐらい大量に現れる。九龍半島の南端部を縦

図4‐1　ヘネシー・ロードの道路名標識　著者撮影

断する目抜き通りネイザンロード（彌敦道）は、ネイザン（Nathan 彌敦 ネイトン）という第13代香港総督の名を冠している。

　英国人名と関係する道路名は中でも香港島に多い。北岸地域にある香港の心臓部セントラルを横断する主要道路はその名もクイーンズ・ロード（Queen's Road 皇后大道）という。クイーンというのはこれもまたビクトリア女王のことだ。ほかにも、第8代香港総督の名前を冠したヘネシー・ロード（Hennessy Road 軒尼詩道 ヒンネイスィートウ：図4‐1）、ビクトリア女王の第三子の名前を冠したコンノート・ロード（Connaught Road 干諾道 コーンノックトウ）、植民地高官の人物名を冠したジョンストン・ロード（Johnston Road 荘士敦道 チョーンスィートントウ：図4‐2）など枚挙にいとまがない。

"彌敦道"、"干諾道"などは、漢字で書かれると一見した

図 4 - 2　ジョンストン・ロードの道路名標識　著者撮影

だけでは外国人名が入っていると気づかないかもしれない。だが、"窩打老道"（ウォーターロウトウ）などは漢字を見ると日本人にも何だか穏やかでない、風変わりな名前だなという感じがする。これは九龍半島側にある幹線道路ウォータールー・ロード（Waterloo Road）への当て字だ。イギリスとプロイセンの連合軍がナポレオンに勝利したワーテルロー（英語読みでウォータールー）の戦いを記念して付けたのだそうだ。

　このように総督やイギリス王室の人物名などを冠した地名や道路名が、中国返還後の今も変わらず使われている。

　大陸と異なる歩みをたどってきた香港の歴史をまざまざと感じる瞬間だ。

英語も公用語？

　香港の社会制度や習慣には、このように返還後もイギリス統治時代から引き継いだ部分がたくさん残っているわけ

だが、その1つが公用語だ。

第2章で触れたように返還後の香港の憲法に当たる基本法では中国語のほかに英語も使用できる、英語も公用語だと書いてある。それで、公的な掲示・文書・看板は中英併記になっている（図4‐3）。映画字幕で英語が付いているのもそのためだ。

基本法の文言を見ると中国語が主要な地位で英語は二次的な地位に置かれているように読める。だが、英領時代は、当然ながらそれとは逆であった。英語だけが公用語で、中国語も正式に公用語として制定されたのはなんと1974年のことである。

香港はイギリスによる開港時から今に至るまで、住民の圧倒的多数は華人である。英語のネイティブスピーカーはほんの一握りしかいない。それに、イギリスは香港統治において、華人の文化や教育には大きく干渉せず、英語を植民地での教育言語として押し付けたりしなかった。そのため、英語ができる華人はごく一部の人に限られた。戦後の1961年でも1割の人しか英語ができなかったという調査結果がある。

しかし、先述のように、1960〜70年代になると、香港を本土（ホーム）とする人が増え、広東語が香港の共通語・標準語になっていく。それと並んで宗主国の言語である英語の学習も熱を帯び始める。そして、これがまた香港を大陸と差別化するもう1つの言語的装置となった。

70年代に義務教育が開始すると、英語でほとんどの科目を教える中学校（中学・高校に相当）、いわゆる「英文中学」が圧倒的に人気を集めるようになる。一方、中国語

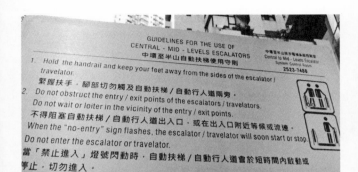

図 4 - 3　公的な掲示・文書は2言語併記　著者所蔵

図 4 - 4　綴りはイギリス式（例：Centre, Labour）　著者撮影

（広東語）で教える「中文中学」は生徒が激減していった。将来的に高い収入を持つ仕事につけるよう、親が子どもに英語を媒介にした教育を受けさせるからだ。

　こうして人々の意識の中に「重英軽中」（英語重視、中国語軽視）の風潮が深く根付いていった。

変わらぬ英語偏重

　そんな英語偏重の風潮も1997年に香港が中国に返還され、旧宗主国のイギリスが撤退するとともに薄らいだと思われるかもしれない。

　だが、英語偏重は今なお残る。行政組織で働く公務員たちには英語の一定のレベルが要求されるし、上級ポストになればなるほど英語が必要になる。英領時代から引き続き使用される法律条文は英文版を基準にしているなど、法律が絡む司法の分野では特に英語の使用が支配的だ。法廷でも中国語（広東語）がわからない外国人の裁判官が参加する終審法院は基本的に英語が使われる。

　それに関して言えば、司法の分野は植民地時代を彷彿とさせる部分が多い。象徴的なのはバッハやモーツァルトのような巻き髪のかつらをかぶり、ガウンを羽織った法廷弁護士や裁判官たちの姿である。廃止しようという提案はあるようだが、昔の西洋貴族を真似た時代錯誤な装束が21世紀の東洋で未だ見られるのは驚きである。

　それはともかく、返還後でも「重英軽中」を表す事例は後を絶たない。

　例えば、新界東北部で土地利用を進める政府プロジェクトに関連して、2013年に出された環境アセスメントは、英

図 4 - 5　**終審法院裁判官による年次スピーチ**　「香港司法機構年報2019」より
https://www.judiciary.hk/en/publications/annu_rept_2019r/chi/home.html

語版しか用意されず中国語版がなかったという。おかげで中身が理解できない当事者の近隣村民は置いてきぼりになり、「言語差別」だと抗議を申し入れる事態になっている。

　第2章で広東語は香港ではオフィシャルな言語だと述べた。だが、そこには但し書きを付けたほうがいいだろう。本当にオフィシャルでフォーマルな言語と思われているのは、誰でも理解できるという点で庶民的でローカルな中国語（広東語）ではなく、エリートだけが理解できて国際的に通じる英語である。少なくとも高学歴エリートはそう考えている節がある。

　このように、英語の社会的地位の高さ、英語こそが本流という意識は正直なところ、返還後もあまり変わっていない。言い方は悪いかもしれないが、エリートやエリートを

目指す人たちの間で、英語や英語を話す外国人を上に仰ぎ見る風潮は抜きがたく残っていると感じる。

大卒の英語力が高い

　そんな英語偏重の風潮が根強い香港だが、実際、英語はどのぐらいできるのだろうか。

　何しろ、広東語を母語にする人が約９割を占める社会である。英語を日常的に話す人は2021年の人口センサスの調査結果を見ても人口のわずか4.6％しかいない。だから、ほとんどの人は英語を外国語として後天的に学ぶ。香港は英語も公用語の１つであるとは言いながら、人口割合で見れば実は広東語だけで済むモノリンガルな社会で、日本語の母語話者が大多数を占める日本の状況と大して変わらない。

　しかし、こと大学を出た人たちに限って言えば、日本よりずっと英語力が高い。香港に２年弱住み、仕事柄、香港人とたくさん交流した上での実感である。教育レベルの低い層や英語を必要としない人たちは全然英語ができないが、それはどこでも同じである。

　高級管理職や専門職のエリートの英語力はきわめて高いが、そこまでの職階ではなくても、一般の大卒者も日本の同じ層に比べるとはるかに英語ができる。つまり、そこそこ英語ができる層のすそ野がぐっと広い印象だ。

　これは、大学では大半の授業を英語で行っているからだろう。

　先述のように、中学・高校は英語を媒介に教育する学校もあれば中国語（広東語）を媒介にしているところもある。

ところが、大学となると、中国言語・文化関連以外の科目は基本的に英語で教育を行う。いきおい、大学に入るためにはそれ相応の英語力が求められる。

もちろん、英語は母語の広東語とは言語系統も言語のタイプもかなり違う。発音には広東語の訛りがあるし、文法の間違いも結構ある。それでも、平均的に見れば日本の大卒者よりもずっとできると感じる。

日本でも昨今、大学には国際競争力が求められ、英語だけで受講できる授業を増やすことが盛んに奨励される。それにより、海外から優秀な留学生を獲得し、大学の国際化や日本人学生の英語力向上が目指されている。ごく少数だが英語だけで学位がとれる大学もある。

ただ、香港が日本と大きく違うのは、そもそも大学の基本的な使用言語（おもに書き言葉）が英語になっていることだ。つまり、授業が英語で行われるだけでなく、事務書類や掲示、組織内での意思疎通文書なども全て英語で作成するのが基本だ。大学のウェブサイトを見るとわかるが、中国語・中国文学関連の学部を除けば、英語版しか用意していないことが多い。

香港の大学にはたいていの学部に外国人教員が所属しているし、学部長・研究科長に外国人が任命されることも珍しくない。こうした人たちの多くは広東語がわからず、中国語も読めない。それでも困らないのは全て英語で済むからである。会議も広東語がわからない外国人がいれば英語で行われる。

このように、高学歴エリート層だけを見ていると、つくづく香港は準英語圏だと感じる。この層の人とだけ関わっ

図4-6　英語で作成された学期末レポートの提出ボックス　著者撮影

ている分には広東語などできなくても十分やっていける。
むしろ、広東語だけできるよりリスペクトされるぐらいだ。

　読み書きの機会が多い

　香港の高学歴層は確かに英語が得意だが、人口の大多数
は広東語が母語だ。だから、たとえ英語がネイティブ並み
にできたとしても、香港人同士では広東語を使い、英語で
話すことはまずない。

　そのため、香港では英語を話し言葉として使う機会はさ
ほど多くない。他方で、書き言葉として使う機会は多いと
いう特徴がある。特にビジネスでは、書き言葉として中国
語より英語のほうが多用されることも珍しくない。

　外資系に限らず地元の香港資本の企業でも、顧客や同僚
との口頭のやり取りは広東語で行い、メール、企画書、プ
レゼンといった文書作成、インターネット等での情報収集

は英語でというケースは多い。

　言語使用状況を尋ねた2021年の政府によるサンプル調査の結果を見てみよう。職場の様々な場面において、書面（読む・書く）で英語を使用する頻度は「必ず使う」と「よく使う」を足すと約43％（文書・ネット閲覧）〜52％（同僚との書面連絡）でかなり高い。一方、口頭（話す・聞く）で英語を使用する頻度は「必ず使う」と「よく使う」を足しても約16％（対社内）〜20％（対社外）となっている。

　Stephen Evans が指摘する、こうした「書面は英語で口頭は広東語」という組み合わせは香港では確かによく見かける。

　学会の研究報告の場でも、元々英語で話すつもりで資料を英語で準備しておきながら、聴衆がみな広東語を理解すると判断したとたん、広東語で済ませてしまうといった場面に何度も遭遇したことがある。

　英語媒介教育が建前のはずの英文中学で、教科書は英語で、教員の説明がしばしば広東語でなされることがあるが、これも同じ構図だ。

　冒頭で述べたように、香港人同士でいるときに英語で話すようなことはしない。ところが、書面のやり取りとなると、英語を使うことに抵抗がなくなる。

　プライベートでも SNS やメールなどで英語を使うことがよくある。筆者も香港人とは、口頭では必ず広東語を使うが、メールのやり取りとなると、仕事でもプライベートでもたいてい英語になる。お互い、英語はノンネイティブなので間違いも多いが、結構気楽だったりする。

　もっとも、香港人が書くときに英語をよく使うのは前章

で述べたように漢字入力が難しく、変換なしに直接入力できる英語のほうが便利なことも理由にあるようだ。その点、様々な新しい入力方法に慣れた最近の若い人は漢字入力がとても速いと筆者と同世代の知人は言う。

　香港人のチャット

　香港人同士の書面での英語のやり取りがいったいどんな感じなのか、第30回香港電影金像奨最優秀脚本賞を獲得した『恋の紫煙』（《志明與春嬌》2010）というラブコメディのシーンから例を引こう。

　2人の恋愛は屋内での喫煙が禁止され、肩身が狭くなったヘビースモーカーたちが集うオフィスビルの裏路地から始まる。見知らぬ者同士、灰皿を囲んでゴシップに興じる中、ミリアム・ヨン演じる化粧品会社の販売員の春嬌（チョンキウ）とショーン・ユー演じる広告会社勤務の志明（チーメン）は出会い、お互いを意識するようになる。物質主義でお姫様キャラの、いわゆる"港女"（香港人女性）を自認する春嬌と、4つ年下で子供じみた性格の志明が恋愛関係に至る1週間を香港の都会を舞台にリアルに描く。年の差カップルのぎこちない愛情表現に思わずほっこりさせられる。大量の喫煙シーンとお行儀の悪い言葉遣いのために18歳以上限定の指定がされてしまったが、いくつかの名台詞を生み出した2人の広東語の対話は軽妙で秀逸だ。

　映画で重要な小道具になっているのが、今ではすっかり衰退したガラケーのショートメッセージ（SMS）だ。2人は友人や同棲相手に隠れて頻繁にメッセージを交換しあう。春嬌は話し言葉の広東語、書き言葉の中国語、それに英語

の３種をミックスして書くが、志明はほとんどを英語で書
く。と言っても、"Now go home la, c u tmw"（c=see, u=you,
tmw=tomorrow）「今、家に帰る。明日また。」のように、
文末に広東語の文末助詞 "la"（状況の変化を表す）が混じ
ったりする香港式英語だが、広東語話者同士ならではの親
しみやすさにつながっている。

　一連のやり取りを書き起こしてみると、こんな感じだ。

　　春嬌：send 咗 email 未？（メール送ってくれた？）
　　　　　　※咗＝〜た（完了）、未＝まだ
　　志明：Not home yet!（まだ家に帰ってない！）
　　春嬌：Wht ar u doing?（何してるの？）
　　志明：Hot pot, u?（火鍋食ってる、そっちは？）
　　春嬌：個 frd Bday, 唱 K ing（友達が誕生日で、カラオケ
　　　　　中）
　　　　　　※唱＝歌う　K＝Karaoke
　　　　　有點悶 e_e"（ちょっと退屈）
　　　　　　※有點＝少し〔書き言葉中国語〕、悶＝退屈、
　　　　　　e_e"〔顔文字〕
　　志明：wanna hv a walk??（散歩しない？）
　　春嬌：where?（どこに？）
　　志明：六個六（6.6ドル〔２人の間でセブンイレブンを指
　　　　　す〕）

　物語の中盤のある夜、春嬌は志明から "in 55!W !" とい
う謎のメッセージを受け取る。文字化けに見えるが実はき
ちんと意味があり、答えは映画のラストで明らかにされる。

図4-7　『恋の紫煙』(2010)

　上記のやり取りは映画の中の作り物ではあるが、実際の
チャットもだいたいこんな感じで、香港人同士、ブローク
ンでも英語で書くことに抵抗がない。日本人同士なら気恥
ずかしさがあってこんなことはしない。

広東語に混じる英語表現

　さて、先のチャットの先頭に"send 咗 email 未?"（メ
ール送ってくれた?）というメッセージがあった。これは
英語で書いたというよりは広東語で書いたもので中に英単
語が挟まっている。日本語で直訳して言えば「メール
（email）をセンド（send）した?」という感じだ。

　香港の広東語では「メールを送る」は口頭で話すときは
英語で send email と言うのが普通だ。書面語の"發電
郵"という言い方は日常会話ではまず聞かない。

　香港では（よほど英語と縁のない年配の人でない限り）英

語はとても身近な存在で、広東語を話すときにもこんな風に英語の言い方が頻繁に混じって来る。英単語を使わないで済ませるのが難しいぐらいだ。

第1章で紹介した hello や sorry といった挨拶表現はすっかり定着している。さらに、乾杯のときの挨拶 cheers、誕生日を祝う表現 happy birthday などは、日本人には「西洋かぶれ」な感じで抵抗があるが、香港では普通に使う。

ジャッキー・チェンの映画などでは、警察が Yes! Sir! やAttention! というのを耳にする。もっとも、これらは現実の世界では、つい最近になって、中国語（広東語／北京語）の表現に置き換えられるようになったらしい。

日本語でも人によっては英語の外来語をたくさん使うが、広東語ではもっと元々の英語に近い形でバラエティ豊かに取り込んでいる。広東語のほうが日本語よりも語順が英語に近いということもあるかもしれない。

例えば、in case〜「〜する場合に備えて」のような接続詞的な表現、around「約〜、およそ〜」や exactly「正確に（は）、まさに〜」のような副詞的な表現は、香港の広東語にはよく出てくるが、日本語の外来語では使われない。上述の send email のほか、say sorry「謝る」、それに make sure「確かめる」のように、動詞に目的語などを足したフレーズも日本語では使いにくい。

こんな風に、香港では広東語を話す上でも英語が欠かせない。ここが同じ広東語使用地域でも広東省の広東語と大きく違うところだ。

2 北京語の挑戦を受ける広東語

地位の上がった北京語

香港では英語は英領時代から返還後の現在まで一貫して高いステータスを誇るのに対し、北京語のほうは価値の変動が激しい。

第2章で述べたように、1960〜70年代に香港では広東語中心社会が形成され、北京語に対して無関心になり、話せない人が増えた。しかし、90年代に入り中国への返還が視野に入ってくると、学習機運が盛り上がっていく。

そして、返還後には"両文三語"「2つの書き言葉、3つの話し言葉」という言語教育政策において北京語が公式に学習対象として位置づけられた。これは英語と中国語という2つの書き言葉、それに英語、広東語、北京語という3つの話し言葉に精通する人材を育成するという目標である。ちなみに、北京語は昔の呼び方で"國語"と呼ばれることもあるが、現在は"普通話"（Putonghua）と呼ぶことが多い。

こうして、返還後、北京語は公的な地位が大きく引き上げられた。

それに加えて、2000年代以降、中国大陸自身の経済発展が著しい。おかげで北京語は実用的な価値がかつてなく高まった。中国資本の企業や中国との取引が多い企業、大陸の顧客を相手にすることが多い小売りや観光業では北京語が必須になった。

そうしたことから、先述したように、香港では北京語を

話せると自称する人の割合は返還後、高い伸び率を示している。

北京語の発音が難しい

北京語を話せると言っても、上手かどうかはもちろん個人差がある。香港人にとって英語が後から学習する言語であるのと同様、北京語もまた母語ではないし、広東語とは意思疎通できないほど違っているから後天的に身につける必要がある。

とはいえ、広東語の母語話者にとって北京語の習得は英語ほど難しくない。先述したように、書き言葉で使う語彙・文法は北京語の語彙・文法が基礎になっている。だから、読み書きを身につけた時点で、北京語の語彙と文法はある程度身についているようなものだ。

問題は発音だ。第3章で述べたように、香港では書き言葉の音読・黙読も広東語の発音で済ませるから、日常的に北京語の発音を使う習慣がない。

北京語の発音の仕組みは、広東語とは外国語のように違うものだ。子音、母音、声調の種類や数がそもそも違う。だから、香港人は北京語を話すとき発音に最も苦労する。

昔から“天不怕地不怕，只怕廣東人說官話”「天も地も怖くないが、広東人の話す北京語だけは怖い」のように、広東語話者の北京語のひどさをからかう言い方がある。

序章で触れた清末の思想家・言論人にして戊戌の変法を推進した梁啓超は、広東省の“四邑”（序章参照）の1つ、新会の出身で、広東語が母語だ。立憲君主制下での政治改革を目指し、それに理解を示す清朝の光緒帝に進言す

るため宮中に面会に行ったのはいいが、広東語訛りがひどく何を言っているのかわからず、よい印象を与えられなかったという逸話がある。

現代でもひどい発音の北京語を話す香港人はたくさんいる。筆者の知人にも、北京語学習の空白期に育ったため、強烈な広東語訛りで、ほとんど広東語そのままのような発音の人がいる。たとえて言うなら、フランス語やスペイン語が母語の人の中には、英語を話すときに単語の読み方に母語の発音の訛りが強く残っていて聞き取りづらいことがあるが、そういう感じだと思ってもらえばよい。

ひどい発音だなどと書いて失礼ではないかと言われそうだが、本人たちも自虐的に苦笑し、さほど気にしていない。香港人からあなたの北京語は私より上手だと言われたことのある日本人も多いだろう。

それで、香港人の話すお茶目な北京語はよく笑いのネタにされる。インターネット上には大陸の人が、香港の芸能人や有名人の北京語をからかう動画がたくさん転がっている。

忍び寄る影

そんな風に北京語ができないことを自虐的な笑いにしていたのどかな時代は、少しずつ過去のものになりつつあるのかもしれない。

最近の若い世代を見ていると北京語が着実に上手になっていると実感する。

第一に、返還に伴い、北京語が小中学校の科目として習うことが義務付けられるようになった。また、北京語のス

ピーチコンテストや演劇大会などがたびたび実施され、学業でよい成績を残したい子どもたちにとって北京語学習の強いインセンティブとなっている。

そして何より、中国語の読み書きを北京語で教える教育方法が多くの小中学校で本格化してきた。"普教中"（後述）と呼ばれるこの教育方法は2008年度から政府の大型補助金の後押しがあり採用する学校が大きく増えた。2020年度には、およそ7割弱の小学校、3割弱の中学校で全面的もしくは部分的に実施されていたというデータがある。

おかげで次世代の香港人は、北京語がかなり流暢になると予測される。

だが、それにより広東語が衰退し消滅につながるとの懸念が、近年、香港でとみに高まっている。何より街角で子どもたちが北京語を話すのをよく見かけるようになったと多くの人が言う。

以前なら香港で北京語を話しているなら大陸から来た新移民の子どもだろうと考えるところだ。だが、最近は香港育ちの子でも北京語を話すのだそうだ。英語と同様、北京語の習得についても、親が子どもの将来を考えて幼いうちから身につけさせようとするからだ。

これまでは広東語で育つのが当たり前だった香港で、北京語で育つ次世代が増えれば、広東語は話し手が減り消滅に向かう。

2016年の香港電影金像奨最優秀作品賞を受賞したディストピア映画『十年』さながらの光景を危惧する香港人は多い。この話題作は予想を超えたスピードで大陸に飲み込まれていく、香港の10年後の姿をオムニバスで描いたものだ。

そのうちの１つ「方言」は、北京語ができないことで仕事や日常生活で不利な立場に追い込まれるタクシー運転手を描く。

　一方で、小学校の息子は学友と北京語でおしゃべりを楽しむ。広東語も話せるものの、父親の馴染んだ香港固有の言い方と違ってきている。父親はサッカー選手ベッカムのことを、第１章で触れたように、香港の呼び方で"碧咸"というのだが、子どもは大陸の呼び方に倣い"貝克漢姆"というので一瞬話が通じない。

北京語で中国語を読む教育

　広東語の消滅につながると最も懸念されているのが、"普教中"と呼ばれる教育方法だ。ここでの"中"は"中国語文"すなわち日本で言えば国語に当たる科目のことを指すので、「"普通話"で中国語を教える」という意味である。

　"普教中"が広東語の衰退ひいては消滅につながると懸念されるのはどうしてか。

　香港では従来、「"粤語"（広東語）で中国語を教える」"粤教中"が当たり前だった。つまり、第３章で見たように、中国語の読み書きを広東語音を使って教える教育がなされてきた。これが"普教中"では北京語音に取り換えられることになるのだ。

　第３章で述べたように、香港では広東語は話し言葉専用ではない。書き言葉の音読・黙読にも使われる。つまり、広東語は「話す・聞く・読む・書く」という４つの言語活動全てを担う機能がある。それがゆえに本書ではもう１つ

の標準中国語であると述べた。もし「読む・書く」におい
て北京語オプションの使用が常態化すれば、広東語はその
ときこそ本当に「話す・聞く」専用の言葉になる。オフィ
シャルな場での使用にも適さなくなるだろう。

　また、今のところ国語科目だけに留まっているが、学校
教育の科目全般において広東語から北京語への取り換えが
進む突破口になるかもしれない。学校で話すことが制限さ
れた言葉は往々にして衰退の道をたどる。現に大陸広東省
ではそのようにして広東語を話せなくなった子どもが増え
ている。

　このように懸念を呼ぶ"普教中"だが、かねてから推進
派が一定数いて、それなりの言い分がある。北京語の会話
能力の向上だけに留まらず、中国語での読み書き能力の向
上が期待できるというものだ。

　どういうことかというと、これも第3章で述べたように、
中国語の書き言葉は北京語の語彙と文法がベースになって
いるため、広東語母語話者は必然的に言文不一致になり、
読み書きにハンディを抱える。それで、香港人の書く中国
語はしばしば話し言葉の広東語要素が混じった「香港式中
国語」になってしまう。その点、北京語で読み書きを習え
ば言文一致度が高いから読み書き能力が高まる。そういう
理屈である。

　ただし、"普教中"が実際に読み書き能力の向上に効果
があるのかは明らかにはなっていない。うまくいかず"粤
教中"に戻した学校もある。そもそも小学校に比べて中学
校では実施率が低いままだ。外部から視察がきたときだけ
北京語で教えるニセの"普教中"もあると聞く。"普教

中"の推進派によると、ほかにも、教師の能力不足、生徒の積極性の欠如といった課題があるという。

　一方で、"普教中"には子どもに北京語に堪能になってほしいと願う親からの支持が根強いのも事実だ。香港政府が"普教中"を長期的な目標と位置づける以上、一度動き始めた歯車は逆には戻らないだろう。

強まる広東語保護運動

　広東語の消滅危機について、旧代表地である広州ではさらに深刻に捉えられ、母語話者たちの危機感も強い。2010年にそれを裏書きするような出来事があった。従来、広東省は大陸では例外的に香港のテレビを視聴することが日常化しているほか、省内のテレビ放送でも広東語の使用が盛んだった。ところが、同年にスポーツのアジア大会が開かれることを見据えて北京語普及をさらに進めるべく、2010年に政治協商会議の広州市委員会が広州テレビの放送言語を全面的に北京語に変えるよう提案したのだ。

　ただでさえ、90年代以降広東語を話せない外来人口が急増し北京語の勢いが伸長してきたことに地元の広州人たちは不安を感じていたところだ。たちまち、広東語保護を訴える運動に火が付き、中国としては異例なことに数千人が街頭に出て抗議を行う事態になった。ほどなくして香港でも、明日は我が身との思いから、支援するデモが街頭で行われた。

　もっとも、大陸では北京語（普通話）が法律で国家通用言語として制定されている以上、伝統的な広東語の中心地である広州といえども、広東語の地位が低下するのは致し

方ない部分がある。

　それに比べると香港では広東語が事実上のオフィシャル言語であり、未だに人口の大多数が広東語を母語としていて言語的に同質性が高い。広東語の消滅などというのは心配しすぎではないかと見る向きもある。

　しかし、香港で2010年代以降特に強まった広東語消滅への危機意識は広州とは少し性質が違う。純粋に広東語が廃れつつあるという不安だけでなく、香港社会のあちこちで進む大陸化への不安と重ね合わせて捉えられているからだ。

　簡体字への反発にそれが象徴されている。香港は返還後も「広東語＋繁体字」を使う社会だ。「北京語＋簡体字」を使う大陸とは言語習慣の点で差が大きい。近年、大陸からの観光客を上客に抱えるレストランや店舗で、香港人なのに店員に北京語で話しかけられたり、簡体字のメニューを見せられたりして不快な思いをしたといった類の不満を（国安法施行前までは）よく耳にした。広東語保護の動きは、香港においては北京語の拒絶だけでなく、広東語とは直接関係のない簡体字の拒絶にもつながりえるのだ。

　香港政府の広東語軽視ともとれる姿勢も人々の不安に拍車をかける。

　2014年に教育局のオフィシャルサイトに"語文學習支援"（国語学習支援）と題する文書が掲げられたが、広東語を「公用語ではない一種の中国方言」と表現し、多数の市民から反発を受けた。その後、教育局は文言の意図が不明確であったとして謝罪に追い込まれ、文書はサイトから削除されるに至った。

　高まる危機意識から、学生を主体にソーシャルメディア

を利用して広東語保護を訴えるグループが次々に組織された。"普教中"を行っている学校を調べてデータをネットで公開したり、若年者への啓発活動を行ったりしていた。

　また、ネットやソーシャルメディア空間では、広東語で話すままを文字化した言文一致体で書くことが目に見えて増えた。広東語保護を主張する団体や個人の意見文や論説なども多くが話し言葉の広東語を基調に書かれている。2019年の逃亡犯条例改正案に抗議するデモにおいても、横断幕やビラに書かれた標語には、広東語がわからないと読めない言葉が多用されていた。

英語が広東語を守る？

　広東語を取り巻く言語環境において、香港が広州と異なる点はほかにもある。それはもう1つの公用語である英語の存在だ。

　上で見てきたように、旧英国領であり現在も国際都市を自認する香港では、建前はともかく本音では英語を中国語よりも上に見る「重英軽中」の風潮が根強くある。「中国語」の指す中身が広東語でも北京語でもそれは同じことだ。グローバル基準で見れば、たとえ北京語といえども特定地域での通用言語にすぎず、世界全域の通用言語である英語にはかなわない。

　そうした風潮も香港社会で長らく広東語が北京語に取り換えられてこなかったことと無関係ではない。何しろ返還前の英語至上主義時代は、香港人たちは英語を学ぶことに必死で忙しい。北京語を学ぶ余裕も関心もなかった。

　近年は北京語の価値が飛躍的に高まったものの、そうか

と言って英語の価値が下がることはない。

　『英語の未来』などの著書があり、香港の大学で教えた経験を持つ応用言語学者の David Graddol はある番組の中で、香港では英語が北京語の侵入に対して広東語を守る要塞になっていると述べる。

　筆者の見聞きした中でもこんな例がある。知り合いの香港人大学教員は最近、よく大陸から来た学生に北京語で話してほしいと言われるそうだ。だが、拒否して英語で通しているという。先述の通り、香港の大学では英語によって教育が行われる。だから、英語で話されても文句は言えないのだ。

　政府の高官の振る舞いにも英語を北京語より重視してきた風潮の残滓を見かける。

　2019年の夏、香港で「逃亡犯条例」デモが日常的に起こっていたころ、デモを取り締まる香港警察の幹部たちが毎日のように記者会見でプレスのインタビューに答えるのを滞在中の香港のテレビで見ていた。あるとき、その中の高官1人が中国メディアの記者から北京語で質問を受けた。さて、どんな北京語を話すのだろうと注目して見ていたら、なんと北京語はうまく扱えないからと言ってそのまま広東語で済ませた。だが、その場にいた他の記者や警察幹部も特に驚くことなく、普通に受け流している。おそらく上手ではない北京語に失笑されるのを避けたのだろう、そんな雰囲気である。

　しかし、もしこれが英語で質問され、英語が得意でないから広東語で答えたいといえばどうか。間違いなくエリート失格の烙印を押される。実際、この高官は別の機会で英

語の取材にはきちんと英語で答えている。

　英語が広東語を守る要塞になっているというのは、思うにこういったことを指しているのだろう。英領時代に教育を受けた香港のエリート層には、英語がネイティブ並みなのに、北京語は話すのはもちろん聞き取りもろくにできない人が珍しくない。

　英語の地位が高すぎて、思わぬところで間接的に広東語を守る結果になってきたのだ。

　もっとも、返還後は香港人の英語のレベルも年々低下し、使用頻度も下がっていると言われる。我々からすると十分高いレベルだと思うのだが、英語レベルの低下を嘆く声は、特にビジネス界では強い。英語が日常的に話されているわけでもない環境の中、英語の勉強に追い立てられ、苦手意識を持つ人も当然いる。

　とはいえ、香港にとって国際的競争力を維持し存在意義を主張するために、英語は大事な生き残りの資本でもある。当面、人々の英語への執着は続くだろう。

　広東語への愛着

　一方、次世代の香港人は北京語の能力が確実に上がっていくだろう。北京語は大陸のオフィシャル言語であるだけでなく、世界の華人社会の共通語でもある。

　ただ、能力が上がったとしても、実際に自分たちの言葉として日常的に話すかどうかは別の話だ。

　英語にしろ北京語にしろ実用的な価値は大変高い。だが、言葉は実用的価値が高いかどうかが全てではない。文化、アイデンティティとも密接に関係している。

　実利的なイメージが強い香港人だが、広東語への愛着と誇りは思いのほか深い。

　数年前、ある大学の観光関連学科の教授陣に話を聞いたとき、大陸からの観光客が多い香港のこと、「おもてなし」ということで学生に対しても北京語習得を奨励しているのかと思って水を向けるとそうではなかった。授業は全て英語で行うから、大陸からの留学生とも英語で話すし、それに香港は広東語の社会だから香港に来たら広東語を学ぶべきだと、意外にも広東語愛、香港愛を見せていたのが印象に残る。

　世界の華人社会で北京語が主流になっていく中、華南地方に根差した言葉が、偶然にもイギリス植民地下の閉じられた空間で、北京語とは別のもう1つの中国語を代表するまでの存在に成長した。伝統的中華文化を上手に保持しながら、カンフー映画から、飲茶、チャーシュー、茶餐庁（大衆喫茶食堂）といった香港グルメまで、世界に誇るエネルギッシュでユニークな都市文化を生み出した香港の物語は、広東語の響きなしには語れないのだ。

第5章　その他の中国語方言

1　方言の次元を超える「漢語系諸語」

NYチャイナタウンの中国語

第4章まではもっぱら広東語を見てきたが、本章では広東語の立ち位置を見定めるために、少しズームアウトして広東語の外に広がるその他の中国語のバラエティを見てみたい。広東語は香港という総本山を得て独自の言語文化を花開かせたが、それ以外の中国語も実はかなり個性豊かだ。

広東語よりもっと北京語と違っていたり、広東語と同じように海を越えて異国に根を下ろしていたりする中国語方言があるのだ。いったい、中国語はどこまで多様なのか。

再びアメリカに目を移そう。第1章で見たように、19世紀以来長らくアメリカで中国語の代表だったのは広東語である。

しかし、1965年以降、移民法改正に伴いアジア系の移民人口が増えたことで、それまで華人の出身地が広東省の一極集中だったのが、台湾、香港や東南アジアなどに範囲が広がった。さらに、90年代以降は、大陸出身の中国人が急増した。そのため、アメリカに持ち込まれる中国語も広東語だけでなくなっていった。

特にニューヨークは種類が多い。何といっても世界中から様々な人を引き寄せる。言語的にも多様で、まるで世界

の言語の見本市だ。

　2019年にニューヨークのチャイナタウンを歩いてみた。

　ニューヨークのチャイナタウンと言えばまずは古くからあるマンハッタンだが、他のエリアにも拡張している。

　ニューヨーク第2のチャイナタウンはクイーンズのフラッシングであり、マンハッタンよりも華人がずっと多い。ここは華人以外にも韓国、インド、パキスタン、エルサルバドル、ギリシャなど様々な国の人々が移住し、150種類以上の言語が使われているというだけあり、中国語についても特にバラエティ豊かだ。広東語や北京語はもちろん、閩南語や上海語も聞こえてくる。

　続いて第3のチャイナタウンであるブルックリンの8番街に行くと、興味深いことに福州語が主要方言の1つになっている。福建省の省都福州付近からの移民が多く、西半球最大の福州人集住地になっているのだ。

　確かに長楽、閩侯などの福州市郊外の地名にちなんだ店名・屋号が目立つ。生鮮食品店では福州近郊産との表示を付けた野菜や魚が並び、店主は福州語で呼び込みをしている。辺りには福州語ができることが望ましいという条件がついた求人広告の貼り紙を複数見かける（図5‐1）。

　ただ、ここでも広東語の必要性が併記されていることから、やはり伝統的に広東語が幅を利かせていることがわかる。マンハッタンのチャイナタウンに詳しい香港からの移住者に聞くと、ここの福州人たちは広東語をとても流暢に話すのだそうだ。後れてやってきた福州人たちも広東語をマスターする必要があったのだ。

　それにしてもニューヨークにまで出張ってきている福州

誠聘全職助手一名,需勤勞上進
精通 福州話或者粵語.
有意者请进店洽谈

図5-1　福州語人材の募集 「フルタイムの助手1名募集。勤務熱心で向上心を持ち、福州語か粵語（広東語）に精通している必要あり。希望者は店内にて応相談」、著者撮影

語とは何なのか。北京語や広東語とどれぐらい違うのか。また、閩南語（福建語）や上海語とはどういうものなのか。これらはお互いどういう関係にあるのか。

　そもそも中国語にはどれぐらいバラエティがあるのか。

　祖国の地、中国に戻って話を進めよう。

185

ヨーロッパ言語並みに違う

　広東語や福州語、上海語、福建語といった様々な種類の「中国語」は、一般にはどれも中国語方言と見なされる。

　しかし、釈然としないところがある。日本語の「方言」のイメージに引きずられて、中国語内部の桁違いのバラエティを過小に見せてしまうからだ。広東語、福州語、上海語、福建語の間はお互いまるで外国語のようにちんぷんかんぷんで意思疎通は到底できない。

　とはいえ、確かにどれも中国語という言語のサブカテゴリーと見なせる。というのは、それぞれが別個の書き言葉を持っているわけではなく、みな同じ書き言葉を使うからだ。つまり、話すときは違っていても、書くときは１つになる。この点は第３章で見たように香港で話される広東語も変わらない。

　そういう考えに即して言えば、これらは全部、中国語の「方言」である。

　もっとも、これらを方言と呼ぶのに抵抗感があるのは私だけではない。とりわけヨーロッパ言語を母語とする西洋人の目には、中国語諸方言はあたかも同じ系統に属す複数の言語の集合に見えるようだ。例えば、英語と同じ系統の言語に、オランダ語、ドイツ語、スウェーデン語、デンマーク語などがある。これらはゲルマン語派に属す親戚関係の言語だ。上記の中国語方言の間の関係もゲルマン諸語の関係になぞらえられることがある。

　実際、欧米の学者は中国語諸方言のことを「漢語系諸語」（Sinitic languages）という呼び方をよくする。話し言

葉だけ見るなら、中国語というのは互いに意思疎通できないたくさんの「言語」の集まりだと考えたほうが適切だ。

　余談ながら、ドイツ語やオランダ語の母語話者は、英語をとても流暢に話せてすごいと言われることがあるが、それはそうだろう。同じゲルマン語派に属す姉妹言語関係にあるから、日本語のようなまるっきり親戚関係にない言語を母語にする我々より英語の習得には明らかに有利だ。

　一方で、中国語の方言を複数使い分ける人について「すごい！」と言うのは聞かない。互いに意思疎通できない北京語、広東語、福建語（やその下位方言）の３つを使い分ける人は広東・福建あたりにはざらにいるが、ヨーロッパに持って行けば間違いなく３言語を操るマルチリンガルと言われるレベルだ。

中華８大料理ならぬ10大方言

　中国語内部の多様性を説明するときにはこんな風にヨーロッパの言語が引き合いに出されることが多い。それもそのはず、考えてみれば中国は大きい。中国の面積は、ロシアを南北に走るウラル山脈以西のヨーロッパ地域に匹敵するぐらいある。それに歴史も長い。ヨーロッパ並みの言語差があっても不思議ではない。

　そもそも言葉だけでなく、文化や風習も各地で随分違う。

　わかりやすいのが料理だ。中華料理は日本人にも馴染みが深い。だが反面、「町中華」のように日本化して溶け込んでいるものも多く、誤解も多い。最近は日本人の好みに迎合しない本場の「ガチ中華」も人気を集めるが、平均的な日本人は中華料理を単一の料理として捉えがちで、地方

ごとのバラエティにまで思いが至らない。

随分昔になるが、日本の芸能人が香港のトークショー番組に出て、香港で一番おいしかった食べ物は何かと尋ねられて北京ダックと答えているのを見た。案の定、司会者から北京ダックより「広東ダック」のほうが断然おいしいのだと反論されていた。広東料理はチャーシューなどのロースト料理を得意とする。ガチョウやアヒルのローストも名物で、おそらくそれを食べたのだろう。日本人の目からしたら北京ダックと同じに見える。だが、香港の地元料理は広東料理だ。北京の代表料理を1番おいしかったなどと言えば香港の人はがっかりする。

中国は国土が大きいので、気候や地形など自然条件によってとれる食材が違うし、調味料、調理方法が違う。地方ごとに料理系統（"菜系"）が分かれていて、それぞれ代表的な看板料理がある。

中華料理の系統は4大料理や8大料理のように言われるが、分類の仕方や名称に統一見解はないようだ。だが、中華料理は単体で1つなのではなく、広東料理、四川料理、上海料理といったように、地方ごとに特色が違う。レストランも系統ごとに分かれて出店される。

なぜ、長々と料理の話をしたかというと、言葉も同じように地域ごとに違いが大きく、7大方言とか10大方言とかに分類されるからだ。それに、中国語方言の分類で使われる名称は中華料理の分類に使われるのと一部、共通しているので知っていて損はない。

中国語方言も料理と同じで、はっきり分けられるわけではないが、今は学界では次の10大方言に分けるのが主流に

なっている。

　官話　晋語　呉語　徽語　閩語　粤語
　湘語　贛語　客家語　平話・土話

ネーミングの由来

　10大方言のネーミングはどこから来ているのかというと、"晋、呉、徽、閩、粤、湘、贛"というのは中国の省や地方の略称を表している。

　このうち"晋"は山西省、"徽"は安徽省、"湘"は湖南省、"贛"は江西省、"閩"は福建省、"粤"は広東省を指す。"呉"は省の名前ではなく、古代の「呉越」の地域、今でいう上海、江蘇省、浙江省あたりを指す。「呉越同舟」という故事の呉越だ。図序－1の地図でも位置を確認しておこう。

　こうした略称は"粤菜"「広東料理」、"湘菜"「湖南料理」というように、中華料理の下位分類の名称にも使われたりするので、本格派の中華料理が好きな人は、覚えておくと便利だ。

　一方、10大方言の中には地名と関係のないネーミングもある。

　そのうちの1つ「官話」方言は、平たく言えば、北京語の基礎をなす方言グループのことだ。中国北方地域を中心に東北、西部、西南にまで跨る広大な地域で話され、最も話し手が多く、大陸の中国語話者のおよそ66％が話すという。北方だけに分布するわけではないが、「北方方言」と

言われることもある。代表方言はもちろん北京の地元方言である北京方言だ。

"官話"というのは「官僚、役人の言葉」という意味で、元々は、明や清の時代に官僚、知識人の間で共通語のように使われていた言葉を指す。英語では Mandarin と呼ばれる。20世紀初め、中華民国の時代に定められた中国の「国語」は、この"官話"を引き継いでできたものだ。

さてもう1つ、地名に基づかないネーミングを持つ重要な大方言が何度か話題に出た客家語だ。

"客家"とは日本語で見ると"客"の字があるので、お客さんの家の言葉かと思われるかもしれない。そうではなく、客家という、独自の言語や風習を保持すると言われる漢族内の下位集団のことだ。「客して家す」というように「本地」（ローカル、地元の人）に対置され、よそ者といった意味合いがある。中華文明発祥地とされる黄河中流の「中原」の地から何度か戦乱を避けて移住を繰り返し南方に定着したという言い伝えを持つ。さらには海外にも古くから移民を輩出し、海を越えた紐帯がある。

近現代史を彩るリーダーには客家の出の人が多いという言い方もよくされる。その際、太平天国の乱を起こした洪秀全、辛亥革命の指導的人物の孫文、改革開放の総設計師と言われる鄧小平、民主選挙で初の台湾総統に選ばれた李登輝などを挙げるのがお定まりだ。

10大方言の1つとしての客家語は、客家が多く移住した広東省・福建省・江西省を中心に中国南部に点在する。第2章で見たように香港の新界にも古くから客家が住んでおり、客家語がかつて優勢だった。

　最後に残った10大方言の"平話・土話"のうちの"平話"は、一部は粤語との近さも指摘され、位置づけがよくわからない謎の方言グループである。広西チワン族自治区周辺に分布する。"土話"もまた帰属不明な土着の言語群で、平話とも関連が指摘される。

10大方言の中も下位方言に分かれる

　こうして8大中華料理ならぬ10大中国語方言という方言グループに分けるのが主流だ。

　中国語の方言はいくつかのグループに分かれ、お互いに意思疎通できないぐらい違っていることはそこそこ知られている。しかし、実はそれはまだ序の口である。中国語方言の異次元のすごさは、これらの10大方言がさらに意思疎通不可能ないくつもの下位方言に分けられることだ。

　ここでまたヨーロッパ言語の系統関係を思い出そう。

　先ほど挙げたゲルマン語派の諸言語について言えば、英語、ドイツ語、オランダ語は大きな下位区分としては西ゲルマン語というグループに属し、一方、スウェーデン語、デンマーク語などは北ゲルマン語という別のグループに属す。そして西ゲルマン語の中でも英語、ドイツ語、オランダ語はそれぞれ所属する下位グループがまた違う、といった具合に系統関係はいくつかに枝分かれしている。

　中国語方言もこれと似ている。先ほどの10大方言はさらにいくつかの大きな下位方言グループ（「～片」；官話方言のみ「～官話」）に枝分かれしているのだ（図5‐2）。専門的に見れば下位方言の下もさらに「～小片」のように細かく分かれるが、ここでは10大方言の1つ下のレベルの下位

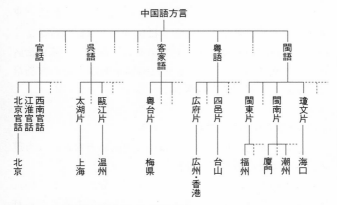

```
                          中国語方言
        ┌──────┬──────┬──────┬──────┬──────┐
       官話    呉語   客家語   粤語    閩語
     ┌──┼──┐ ┌──┐   ┌─┐  ┌──┐  ┌──┬──┬──┐
    北 江 西 太 甌   粤   広 四  閩 閩 瓊
    京 淮 南 湖 江   台   府 邑  東 南 文
    官 官 官 片 片   片   片 片  片 片 片
    話 話 話
     │         │  │   │   │  │      ┌─┼─┐  │
    北        上 温   梅  広  台  福 厦 潮  海
    京        海 州   県  州  山  州 門 州  口
                          ・
                          香
                          港
```

図5−2　中国語10大方言とその下位方言
　　　　『中国語言地図集（第2版）：漢語方言巻』をもとに作成

　方言「〜片」のうち海外華人社会でよく話されるものを特
に抜粋し、代表する地点を書いておいた。なお、図中の方
言の並べ方は親疎関係とは関係がない。

　例えば、粤語、つまり、本書でいう広義の広東語の場合、
代表は何といっても広州や香港の言葉である広州語だ。こ
れは「広府片」という下位方言に属す。一方、序章で見た
アメリカの初期の華人移民の共通語だった台山語は「四邑
片」という別の下位方言に属す。

　広州語と台山語は、先述のように、日本語でたとえて言
えば東京方言と年配者の話す東北方言のような感じだ。広
州語は粤語の標準語なので台山語話者でもわかるが、逆は
そうではない。広州語の母語話者には広州語の影響を受け
ていない本物の台山語は部分的にしかわからない。繰り返
し聞いて、発音の違い、単語の違いを把握したら聞き取れ

るようになるかもしれない。

　発音の違いと言えば、例えば広州語で [tʰ-] という頭子音は台山語では [h-] になる。だから、"台山" という地名は、広州語では「トーイサーン」だが、台山語では「ホイサン」となる。マンハッタンのチャイナタウンには台山系華人の設立した同郷人の組織、台山寧陽会館というのがあるが、英語では Hoy Sun Ning Yung Benevolent Association と書かれている。"台山" の綴りが Hoy Sun（ホイサン）となっているのは台山語の読み方だ。

　ほかにも頭子音や母音の違いがたくさんある。何しろ「ありがとう」の意味の広州語 "多謝"「トーチェー」が台山語では「オーティア」とか「オーティエ」などとなる。これだけ違うと聞き取りが難しい。

　粤語には広州語の話し手には聞き取り困難な下位方言がほかにもある。

　けれども、日本語が東京方言を標準語として全体がまとまっているのと同じように、粤語は広州語を標準語としてグループ全体がまとまっている。異なる粤語下位方言の母語話者同士が、広州語を使ってコミュニケーションをとるのはごく普通のことだ。このまとまりのよさは、古くは広州の言葉、現代では香港の言葉のステータスが高いことによる。

福州語と厦門語

　だが、粤語のようにグループ内に標準語として君臨する代表方言があってそれを中心にまとまっているのは、中国語方言としてはむしろ珍しい。

広東と並ぶ華僑のふるさととして有名な福建は、山脈により中国の他地域から隔絶された地理的環境にあり、そこで話される言葉・閩語は、音韻（発音の仕組み）や語彙の点で他の大方言とは全く違う古めかしい特徴を多く持つ。そのうえ、閩語グループの下位方言の言葉同士も同じグループとは思えないぐらい違う。福建省は山地が多く、河川が急で、交通の便が悪いため、集落間の往来が遮断されやすいからだ。象徴的なのが福建省沿岸部の二大都市である厦門（アモイ）と福州の言葉である。どちらも移民を多く輩出し、海外にたくさん話し手がいる。

　本章冒頭で触れたニューヨークのチャイナタウンで一大勢力になっている福州語は、この福州とその近辺の言葉である。福州は日本では沖縄や長崎と古くから往来があり関係が深い。現代でも日本に住む華人の中で福州人は高い比率を占め、東京は特に多いとされる。東京都多摩地区の筆者のお気に入りの中華料理店も福州人一家が切り盛りする。

　一方、厦門およびその近郊の泉州、漳州（しょうしゅう）の言葉は後述するように東南アジアの華人社会で影響力があり、Hokkien「福建語」と呼ばれる。第2章で見た香港で失われつつある中国語方言のうちの福建語もこれである。そしてまた、台湾で"台語"「台湾語」と呼ばれる言葉もこれと実体はほぼ同じである。

　福州と厦門は直線ではたかだか250kmで、東京から浜松ぐらいの距離だ。その2つの都市の言葉である福州語と厦門語は、10大方言の閩語の中のそれぞれ閩南語（「閩南片」）と閩東語（「閩東片」）という下位方言グループの中の代表的な存在である。だが、同じ閩語でありながら、お互

いに相手の言うことがさっぱりわからないし、聞いた感じもまるで似ていない。だから、この両方言の話者が話をするときは一足跳びに遥かかなたの北京の言葉を借りて意思疎通するしかない。

　むしろ、隣の広東省で話される潮州語のほうが厦門語と系統がごく近いだけに響きが似ている。潮州語は第 2 章で触れた香港で存在感の大きい潮州人の言葉だ。ある潮州語の話者に厦門一帯の閩南語がどれぐらいわかるか尋ねたところ、6 割ぐらいだという。

　ちなみに、呉語グループの代表の上海語も、大都会・上海の言葉で有名だし、杭州など周りの地域の出身者にすれば自分の地方の方言と似ていて、7 割ぐらい聞いてわかるという。それでも、上海の人と会話するときはやはり全国共通語の北京語を使うのが普通である。

　つまり、中国語方言の場合、同じ大方言グループの中の下位方言同士ですら意思疎通できないことが普通にあり、そのときには北京語が使われるということだ。

　だから、広東語と北京語や、広東語と福建語など、所属する大方言グループが違う言葉同士の違いを日本語の「方言」の感覚で捉えるのは大きな誤りなのだ。少なくとも英語とドイツ語の違いぐらいに思ってもらったほうがよい。方言というラベリングはつくづく罪深い。

各地で違う漢字の読み方

　中国語諸方言、いや、漢語系諸語はヨーロッパの諸言語並みにバラエティに富み、系統が細かく区別されることがおわかりいただけただろうか。もっとも、バラエティに富

	北京語	上海語	広州語	厦門語	日本語
中国	チョンクオ	ツォンコッ	チョンクォーック	ティオンコック	チュウゴク
日本	リーペン	ザッペン	ヤットプン	リットプン	ニッポン (ニホン)
北京	ペイチン	ポッチン	パックケン	パックキアー	
世界	シーチエ	スーカ	サイカーイ	セーカイ	セカイ
天気	ティエンチー	ティーチ	ティンヘイ	ティーキー	テンキ
地図	ティートゥー	ディードゥー	テイトウ	テートー	チズ
機会	チーホェイ	チーウエ	ケイウイ	キーホエ	キカイ
結婚	チエフゥン	チェッフン	キットファン	キェットフン	ケッコン

表5-1　中国語諸方言と日本語の漢字音

むと言っても、文法はあまり差がない。その点、英語とド
イツ語では文法もかなり違うのとは異質だ。だが、漢語系
の諸言語は音韻と語彙は激しく違う。

　中でも音韻は本当に同じ中国語かと思うぐらい差が激し
い。わかりやすく言えば、同じ語源の語、つまり同じ漢字
で書かれる語が、全然違った風に発音されるのだ。けれど
も、同じ祖先から出て来た親戚言語だけに、むやみやたら
に違っているのではない。たくさん並べてみると何となく
音の違い方に規則性があるのが見えてくる。しかも、中国
伝来の漢字音を持つ日本語もその中に絡んでいる。第1章
で示した日本語と広東語の漢字音の対応関係はその一端だ。
そこが日本人としては親近感を感じられて面白い。

　こんな風に同じ漢字の読み方が複数の方言間で規則的に
違うのは、たとえて言えば、同じ語派に属す言語間で、同
じ語源の単語が規則的に語形が違っているのに似ている。

　筆者自身は大学と大学院ではおもに北京語を学んだが、
後に広東語を学んでみて、違い方に規則性があることを知

り興味を持った。それでさらに上海語や台湾語（閩南語）も学び、すっかり中国語方言の魅力に引き込まれた。中国語の方言を勉強するというと変わり者だと思われるかもしれないが、実のところ、フランス語を勉強したついでに、それと姉妹言語の関係にあるスペイン語やイタリア語もやってみるのと同じ感覚である。

「漢語系諸語」の雰囲気を味わうために、いくつかの単語の北京語、上海語、広州語、厦門語、それに日本語（音読み漢字音）での読まれ方をカタカナ表記した一覧表を載せておこう（表5‐1）。正確な発音表記ではないし、声調も省いてあるのであくまで参考までに。

　また、1つ1つの漢字の単独の読み方を度外視して単語全体の読み方を載せた。つまり、日本語について言えば、「中国」の「国」の読み方は単独では「コク」で単語の中では「‐ゴク」となるが、全体の発音「チュウゴク」を載せた。

　ちなみに、中国語10大方言の分類は、もっぱら音韻特徴に基づいてなされたものだ。ゆえに、図の中で同じ上位方言から枝分かれした方言同士は聞いた感じが何となく似ている、はずである。だが、どの程度似ているのかは方言グループごとに違いがあり、一概には言えない。

方言の形成に異民族が関わる

　そもそもどうしてこんなにバラエティ豊かな方言が形成されてしまったのか。

　中国語の場合、方言の形成の仕方にもまた日本の感覚からかけ離れたところがある。

中国には現在も漢民族のほかに55の少数民族がいること
からわかるように、古来、多種多様な民族が地続きで居住
し、漢民族とともに中国の歴史に深く関わってきた。当然、
言語の面でも漢民族に大きな影響を与えている。

　中国大陸は現在では９割が漢民族であるが、広大な大地
の隅々に古代から漢民族が住んでいたわけではない。中華
文明の発祥地は黄河中流の「中原」と言われるエリアで、
初期の王朝はそこで興亡を繰り返していて、漢代までは漢
族の人口は華北に偏っていた。

　長江以南と言えば、漢族の居住地ではなかった。周・秦
以前、今の浙江、福建、広東、広西チワン族自治区にあた
る地域は"百越"（様々な"越"の人の意）の地と言って、
今の東南アジアのタイ人とも同系のタイ・カダイ語族など
様々な非漢民族が住んでいた。魏晋南北朝の時代でも長江
以南に非漢民族はたくさん存在した。

　ところが、漢の滅亡以降、華北は異民族の侵入など政治
的な混乱と社会不安が起こったため、漢族人口の大規模な
南下が起こる。そして南方に持ち込まれた漢語が拡散し、
各地にいた様々な「野蛮な」非漢族がそれを受け入れて、
自らも話すようになり、それがその地での漢語となる。

　こうして北方から南方へと漢語が伝播したことで、南方
の元来は非漢語地域だったところが漢語化した。そういう
波が何度も起こったというのが中国語方言形成の異色なと
ころである。

　それを踏まえて、図序－１の10大方言グループの分布地
図をもう一度見ると合点がいく。南方、特にかつて百越の
民族が雑居していた東南部には互いに差異が大きい大方言

グループがひしめきあっている。広東語もその1つだ。広東のことを粤というが、"粤"と"越"とは広東語でも同じ発音で相通じる。広東語にタイ系言語など東南アジア言語的な雰囲気が濃厚なのはそうした歴史的背景と、今も隣り合って分布するチワン族など少数民族言語との接触の結果だと言われる。

　東南部の方言差の大きさに比べると、北方は官話方言だけが分布していて、かなり同質的だ。唯一、北方の真ん中に晋語が分布しているが、これもかつての伝統的な7大方言の分類では官話方言（北方方言）の1つに含まれていた。

　なお、同じ南方でも西南部は北方と同じ官話グループの方言が分布している。これは漢化されたのが明代以降と時期が遅く、そこに官話方言が持ち込まれたことによる。

2　海を渡る中国語方言

Japan は福建語由来？

　中国語方言が「方言」らしくないところはまだある。

　大規模な移民の波とともに海外に持ち込まれ、根を下ろしていることだ。何しろ方言といっても意思疎通できない。今でこそ北京語が華人社会全体の共通語として普及しているが、共通語が普及しておらず、読み書きのできる人が少なかった時代は、同じ華人でも移住先で方言グループごとに分かれるのは自然な流れだ。

　序章では粤語（広東語）が移民によって拡散され、世界各地の華人コミュニティで幅を利かせていることを述べた。

しかし、海外華人の７割、およそ3400万人ほどを抱える東南アジアは勢力図が違う（図序‐２b）。

少し脱線になるが、「日本」を表す英単語 Japan の語源の話をしてみたい。

一般に、マルコポーロが『東方見聞録』で日本を紹介した際の呼び名「ジパング」から来ており、それは中国語での日本の名称を書き記したものだとの説が有名だ。

一方、『英語の歴史——過去から未来への物語』（寺澤盾著）には、「実は、Japan という語は、16世紀末に中国語の「日本」（Jihpûn）をマレー語（Japung）を介して英語が借用したものである。」という記述がある。こちらも中国語起源説なのだが、マレー語が介在している。

筆者自身はこの問題への答えを持っていないが、心情的にはマレー語介在説に魅かれる。「中国語」の中身について想像がかきたてられるからだ。

マレー語が話される地域という手がかりからすると、その「中国語」は福建の閩南語なのではないかと想像される。マレーシア、シンガポール、インドネシアなど東南アジア諸国は歴史的に福建の厦門、泉州、漳州といった閩南語地域の華人がたくさん移民した土地柄だ。これらの国では福建閩南語は「福建語」という意味を表す Hokkien（"福建"：閩南語読み）と呼ばれ、伝統的に最も有力な方言である。

Jihpûn という発音から見ても、福建閩南語と合っているように見える。閩南語の代表、厦門の言葉では表５‐１で見たように、"日本"は lit pun（リットプン）と読む。だが、より古い発音では頭子音のlはj「ジ」という発音だ

ったから、**jit pun**（ジットプン）だ。実際、台湾の閩南語
では今もそのような発音を聞く。

　果たして英語に入った **Japan** という語は元をたどると福
建語に行き当たるのだろうか。

　そんな話題から、以下では少しばかり東南アジアでの中
国語方言の勢力図に目を移してみたい。

『クレイジー・リッチ！』たちの中国語

　福建語はマレーシアから独立してできたシンガポールで
も伝統的に最も有力な方言だ。シンガポールの2020年の国
勢調査によると、家庭で最もよく使われる中国語は北京語
である。だが、これは先述のように1979年以降、言語政策
により北京語が共通語として広められた結果だ。それを除
けば福建語が首位だ。その次が広東語、そして潮州語が続
く。

　シンガポール華人と言えば、主要キャストに全てアジア
系俳優を起用したハリウッド映画『クレイジー・リッ
チ！』（2018）の大ヒットが思い出される。シンガポール
を舞台に、華人セレブたちのクレイジーなほどの金満ぶり
や、アジアの華人と中華系アメリカ人の価値観の違いが際
立つラブコメディだ。

　主人公の中華系アメリカ人レイチェルは大学教授を務め
るニューヨーカーだが、恋人のニックに付き添って彼の実
家のあるシンガポールを訪れたところ、なんと同国随一の
富豪ヤン家の御曹司だということが判明する。だが、嫉妬
からヤン一族やニックの周囲から冷たい仕打ちを受ける。
特にニックの母で伝統文化を重んじるエレノアは、アメリ

カ的価値観を持つレイチェルをヤン家にはふさわしくないと毛嫌いし、2人の将来に暗雲が垂れ込める。

　映画の言葉は全て英語だが、所々で象徴的に「中国語」が使われている。エレノアや義理の妹たち、屋敷の使用人たちはみな広東語を話すので、ここは広東語を話す華人一家なのかと思われる。ただし、ニックの祖母だけ一人きれいな北京語を話していて、少し辻褄が合わない感じがする。だが、そもそも華人ではない俳優も起用されているし、俳優自身の話せる言葉の都合もあるから、その辺はあまり詰めないでおこう。

　そうした中、レイチェルの大学時代の親友ペク・リンの母親が一番、ローカルの雰囲気を出している。英語もシンガポール風だし、福建語を少し話す。

　映画の終盤、エレノアが持ち出したキーワードも福建語の単語だ。なぜ自分のことを嫌うのかと尋ねるレイチェルに対し、あなたは福建語で言うところの「カギラン」つまり「同じ人種」"our own kind of people"ではないと答える。字幕では「カギラン」とカタカナで書かれているので何のことかわかりにくいが、この単語は実は第2章で一度出てきた。ごく近い系統にある潮州語の単語"家己人"（カキナン）の福建語読みである。香港の潮州語ネタのところで触れたように、「自分たちと同じ者、身内の者」を表す。この映画ではエレノアがレイチェルにお前は身内の者ではないという排除の意味で使っているわけだ。

シンガポールの福建語

　シンガポールといえば現代的な高層ビル、清潔な街並み、

図 5 - 3　シンガポール、テッカセンター　著者撮影

　英語を話すスマートなアジア系コスモポリタンの都市国家、というイメージがあるかもしれない。だが、ローカルの地名には中国語方言、特に福建語の名残りが随所に見られる。地名を公用語の１つである中国語で漢字書きするときに、福建語の片鱗が見られるのだ。

　例えば、観光客も訪れる同国最大のショッピングエリアのオーチャード・ロード Orchard Road は漢字では"烏節路"と書かれる。これは"烏節"の福建語読みの漢字音（オーチェット）を Orchard に当てたものだ。

　また、インド系住民の集まるリトル・インディアにはテッカセンター（Tekka Centre）という、ホーカーズ（屋台村）や生鮮食品市場、衣料品店舗などが入った複合マーケットがあり、目を引く。Tekka とは図 5 - 3 の漢字表記

"竹脚中心"の"竹脚"「竹のふもと」を福建語読みしたものだ。一帯はかつて竹林だったのだろう。"脚"（カー）は元々「足」の意で、転じて「下、ふもと」を表すのだが、それを"脚"という漢字で書くのは当て字である。"中心"はもちろん「センター」の意訳だ。

　このように、シンガポールでは福建語が共通語として幅を利かせていた名残りがあちこちに見られ、ローカル文化に多層的な彩りを添えている。

東南アジアの「中国語」

　マレーシアやシンガポールに見られるように、中国から地理的に近く、中華系住民の人口が多い東南アジア諸国では、現地に持ち込まれた中国語方言も種類が豊富だ。当地には古来、中国からの海外移住が見られたが、特に19世紀半ば以降数十年の間に広東・福建沿岸部から安価な労働力や職人、商人として大量の出国・移民が起こった。それに伴い、様々な方言が根を下ろした形だ。

　ブルース・リーの代表作『ドラゴン危機一発』で描かれる、広東の貧しい田舎からタイに出稼ぎに行った労働者たちの姿が重なる。あるいはさらに時代を少し戻して、華人たちがまだ辮髪を結っていた清末あたりに設定して思い浮かべるとよいかもしれない。

　東南アジアは全般的に見ると福建語の影響が強いが、一人勝ちという感じでもない。序章の図序‒2bが示すように、それぞれの地で特定の方言がコミュニティの共通語として優勢を占めるモザイク的なパターンを見せていて面白い。海外華人社会の中国語方言研究の第一人者である陳暁

錦によると、例えば、マレーシアのクアラルンプールやベトナムのホーチミンでは広東語、タイのバンコクやカンボジアのプノンペンでは潮州語、フィリピンでは福建語（閩南語）がそれぞれ華人社会の主要方言になっている。

　ちなみに、先述のブルース・リーの映画は、タイに出稼ぎに行った潮州人を描いているとの見方がある。そう言われてみると確かにリーが演じる田舎出身の青年、鄭潮安は、"潮安"という広東省潮州近郊の地名を名前にしている。映画の原題"唐山大兄"の"大兄"というのも「長兄、兄貴」を意味する潮州語の単語"大兄"（トアヒアー）だと考えれば合点が行く。広東語であれば"大哥"（ターイコー）となるはずだからだ。

　こうした多彩な中国語方言が根を下ろす東南アジアだが、近年は各地で方言が衰退してきている。年齢が下がるほど華語と呼ばれる北京語への取り換えが進んだり、また、そもそも現地の国の言葉を話すようになったりと、方言が継承されなくなってきているのだ。

　シンガポールはその先端を行く。かつては複数の中国語方言を話せた人もたくさんいたが、1979年に始められた「北京語を話そう」キャンペーンによって、北京語が奨励<ruby>スピーク・マンダリン</ruby>されたことが大きい。方言のラジオやテレビ番組がなくなり方言は排除されていった。

　とはいえ、複数の意思疎通不可能な方言が併存する環境では、北京語普及の意義や理念は人々の間でもおおむねポジティブに受け入れられているようで、北京語への取り換えは着実に進み、方言は年配の人の間で残るだけになりつつある。

他方で、若い世代の華人は、『クレイジー・リッチ！』たちではないが、そもそも北京語すら継承せず、華人同士なのに英語を好んで話すという現象が生じている。香港でもそうだったが、世界共通語である英語の価値やステータスは北京語よりもさらに上回るからだ。

英語名から推理する中華系のルーツ

　中国語方言を色々かじっていると、中華系人名の英語表記につい関心が向く（図5‐4）。姓の綴り方から出身地やルーツが何となく推理できて面白いのだ。

　例えば、Leung という英語表記の姓を見かけたとする。一目で広東語を話す家系出身の「梁さん」だと当たりがつく。香港・マカオ、あるいは東南アジアやその他海外の広東系移民の家系だろうと考える。Leung は "梁" の字の広東語読みのローマ字綴りだからだ。それに "梁" は広東によくある姓である。『インファナル・アフェア』などで主演を務めた、香港を代表する俳優トニー・レオン（梁朝偉 Tony Leung）が代表例だ。トニーが英語名で、レオンは "梁" という姓の広東語読み löng[4]（レョーン）をカタカナで書き写したものだ。

　同じように、Kwok という姓を見れば、これはきっと広東系の「郭さん」に違いないと推測する。かつての香港四天王の1人で切れのあるダンスが売りの歌手兼俳優、アーロン・クオック（郭富城 Aaron Kwok）の例がある。

　他方、もし、Ong や Goh という中国姓に出くわしたなら、「王さん」と「呉さん」かなと思う。"王" も "呉" も華人に多い姓だ。だが、これは広東語の読み方ではない。

	広州語	台山語	福建語	北京語 (ピンイン)	北京語 (ウェード)
蔡	Choi	Toy	Chua	Cai	Tsai
陳	Chan	Chin	Tan	Chen	Chen
黄	Wong	Wong	Ng / Wee	Huang	Huang
許	Hui	Huey	Kho / Koh	Xu	Hsu
鄧	Tang	Ang	Teng	Deng	Teng
謝	Tse	Dear	Chia / Sia	Xie	Hsieh

表 5 - 2　華人姓の諸方言での綴り

福建語読みだ。ということは、福建語話者が多い東南アジアの華人だろうかと当たりをつける。

　実際に当たっているかどうかはわからない。けれども、これらの綴りを持つ人が中華人民共和国出身ではないことは明確にわかる。

　なぜかというと、中国大陸では固有名詞を英語綴りにする場合、新中国成立後に制定した漢語ピンインと呼ばれるローマ字表記を用いるからだ。読み方はもちろん北京語音である。上記の Leung（梁）、Kwok（郭）、Ong（王）、Goh（呉）は、中華人民共和国の出身なら漢語ピンインで Liang（梁）、Guo（郭）、Wang（王）、Wu（呉）となるところだ。たとえ母語が広東語や福建語の人でも関係なく、一律に北京語音で綴る。

　ちなみに、第１章で触れたように、北京語の発音には口の構えだけして止める音節末子音 p、t、k、及び m がない。だから、これらの綴りの姓を見たら、それは確実に北京語ではない。広東語や福建語、客家語の可能性がある。上に挙げた"郭"Kwok がそうである。前の香港行政長官であるキャリー・ラムのラムは Lam と綴るが、これは"林"

図5−4　**不動産屋の広告**　中華系人名が漢字とローマ字で表記してある、著者撮影

　の広東語読みだ。北京語読みだと Lin と綴る。

　ローマ字綴りだけでなく漢字の書き方もわかっている場合は、さらに出身地やルーツの推理がしやすい。というのは、同じ Wu という綴りでも、"呉"の北京語読みの可能性もあるし、"胡"の広東語読みの可能性もある。ローマ字だけからではどの姓をどの方言音で読んだものか判別がつかない。その点、漢字があると候補が絞られる。

　例えば、よく見かける"陳"という姓を例にしよう。もしこれが Chan と綴られていれば広東語系だ。香港人のアグネス・チャン（Agnes Chan）、ジャッキー・チェン

（Jackie Chan）の例がある。もし、Chen なら中国出身か台湾出身、いずれにせよ北京語読みだ。

　同じ"陳"でも Tan と綴るなら福建語読みだから東南アジアの華人だろうと思う。一方、アメリカで"陳"をChin と綴る人を見たら、初期の広東系移民の家系だと推理する。Chin は"陳"の台山語読みだからだ。

　こんな風に1つの姓が方言によって読み方が違うわけだが、これはちょうど、英語の人名の Charles「チャールズ」が、ドイツ語では「カール」、フランス語では「シャルル」、スペイン語で「カルロス」となるように、ヨーロッパ言語の名前が各地で呼び方が違うのとよく似ている。

　参考までに、よく見かける姓で地方によって発音がかなり違う例を表にしておこう（表5－2）。北京語読みの綴りが2種類あるのは、中国大陸では漢語ピンインを使うが、台湾ではウェード式という別のシステムを使うことが多いからだ。

　北京語以外の方言の場合、公式の統一規格がないので、実際は色々な綴り方がある。表5－2ではあくまでよく見かける綴り方を挙げた。

　もちろん、姓の綴りに使われる方言がその家庭のルーツの方言だと安易に結びつけられるわけではない。個々の家族史や移民先の特殊事情もある。

　そもそも、アメリカやカナダの場合、華人の移民が制限されていた時代が長らくあり、本当の姓を偽らざるをえなかったケースも多かった。

　また、移民先に同化するために、スペルをわざと現地風に変えているケースも多い。例えば、"呉"は広東語では

「ンー」という発音で、香港の広東人なら Ng という綴り方が一般的だ。一方、アメリカの広東系の姓では"呉"は Eng あるいは Ing となっていることが多い。英語話者が大多数を占めるアメリカでは Ng がそのままでは読みづらく、前に母音を入れて「イン」と読む。それに合わせて姓の綴り方を変えたのだ。

終　章　広東語から問い直す
　　　　「中国語」「方言」

　第5章まで、広東語という言葉がどういうものなのか、色々な角度から見てきた。

　最後に、本章では広東語のプリズムを通して、あらためて「中国語」とは何か、「方言」とは何かという問題を考えてみたい。

1　あらためて「中国語」とは？

中国語は「中華料理」

　中国語（Chinese）とは何か。日本ではほとんど問題にならない。中国語とは中国のオフィシャル言語である北京語のことを指す。そういった認識だ。

　だが、本当にそれだけでよいのだろうか。

　第1章で見たように、アメリカでは長らく中国語（Chinese）と言いつつ実質的には広東語のことを指していた。おかげで今でももう1つの中国語として北京語と並ぶ存在感を持つ。

　中国語とは華人の言語といった意味だ。外国人の目から見れば、実際、どの種類の中国語を話しているのか区別がつかない。ただ、漢字という珍しい文字を使っていて、文

化的には１つに見える。だから広東語を話している華人たちを見て、「中国語」を話していると言ったのだった。

第５章で見た広東語以外の様々な中国語方言も同様だ。これらも海外に持って行けば現地の人からは中国語に見える。東南アジアの人たちは華人移民の話す福建語を中国語だと思ったことだろう。

そして、現在でも香港では中国語と言えば広東語のことを指している。

こんな風に、本来、北京語も広東語も福建語も指すことのできる「中国語」とは大変懐の広い言葉である。

けれども、逆に言えば、その分「中国語」とはとてつもなく抽象的な概念である。

北京語や広東語、福建語のようなお互いにちんぷんかんぷんな言語をまとめて「中国語」と呼ぶのは、英語やオランダ語、ドイツ語、スウェーデン語をまとめて「ゲルマン語」と呼んだり、スペイン語やフランス語、イタリア語をまとめて「ロマンス語」と呼んだりするようなものだ。

中国語というものが抽象的な概念であって、実体が乏しいのは、中華料理と似ている。

筆者のかつての同僚の中国人教員は「中華料理なんていうものはない」とその実体のなさを常日頃強調していた。先述のように日本では中華料理は単一に捉えられがちで、「中華料理」を出すレストランがある。だが、当の中華圏では「中華料理」のレストランというのはない。あるのは「広東料理」「四川料理」「上海料理」「湖南料理」といったサブカテゴリーのレストランだ。

Mandarin を表す日本語がほしい

中国語と中華料理は似ている。だがしかし、言葉の場合、料理と違うところがある。

互いに通じない言葉同士の意思疎通には共通語が必要だ。だから、たくさんある「中国語」のサブカテゴリーから代表を１つ選んで共通語に指定することは理にかなっている。

そこで民国初期に中国大陸で選ばれたのが北京語である。北京語で「中国語」全体を代表させる考え方は現実的なものだ。

だから、「中国語」と言って北京語を指すこと自体、問題はない。筆者自身、便宜上、よくそのように言う。

とはいえ、世界中のチャイニーズ（Chinese 華人）やその子孫たちにとって北京語が母語ないしルーツの言葉であると考えるのは誤りである。

欧米の中華系子女が自分の家庭で話される様々な中国語を英語で紹介する動画が YouTube などで見られる。内訳は広東語のほか台山語、客家語、潮州語など多彩だ。

アメリカやカナダでは中華学校で北京語に対し「それは私の中国語ではない！」と違和感を表す子どもたちがいるという。とりわけ家庭で広東語を話す子に起こりがちだが、北京語を学んでも祖父母や親戚と話せないし、ルーツを感じられないからだ。

このように、中国語に愛着を感じていても、北京語に愛着を感じているわけではない人はたくさんいる。中国語と北京語は同義ではない。

その点、英語では Chinese という語のほかに、Cantonese（広東語）や Shanghainese（上海語）などと並

列される Mandarin（北京語）という語が定着している。したがって、前者が上位概念で後者が下位概念という捉え方がすんなり理解できる。けれども日本語では Mandarin に相当する呼び方がない。呼び方がないと捉え方自体も定着しない。

　仕方なく本書では北京語という呼び方をしたが、これは北京方言という意味もあるので、本当は避けたいところだ。けれども、ほかによい呼び方がない。つくづく Mandarin に当たる言葉がほしい。

漢字の威力

　中国語はあたかも中華料理のように、地方ごとに個性が際立っている。

　ただし、これは話し言葉の「中国語」の話だ。

　中国語は話し言葉、つまり、口頭のコミュニケーションは意思疎通できないほど多様な一方、書き言葉、つまり、書面のコミュニケーションは単一である。だからこそ、北京語や広東語、福建語のような別言語と呼んでもおかしくないほど違う言葉が、いくつもの言語に分化しないで1つの言語として捉えられるのだ。古来、中国語はそういう性質を持っている。

　それもこれも、中国語が全て漢字という特殊な文字で書かれるからだ。

　漢字は表意文字、もう少し正確には、表語文字と言われる。語を表す文字という意味だ。それに対し、アルファベットやひらがな・カタカナは表音文字と言う。漢字は表音文字と違って、各文字に決まった音が付いていない、いわ

ば音声フリーの文字である。

　考えてみれば、私たちも日本語の文章を読むときに、漢字の音などいちいち気にしていない。「貼付」、「愛猫」の正しい読み方を知っている人はどれだけいるだろう。しかし、目で見て意味をとれるから特に気にならない。漢字にとって音声は二の次なのだ。表音文字のひらがなではこうはいかない。「あ」という文字には [a] という音が付いていて、そう読む決まりになっている。[u] でも [i] でもよいということはない。

　ゆえに、全部が漢字で書かれる中国語の書き言葉は究極の音声フリーということになる。だからこそ中国語の母語話者以外にも開かれていて、漢字がわかる日本人が最もその恩恵を受けている。

　試しに香港政府のウェブサイトに載っていた以下の中国語の文章がどれぐらいわかるか、ご覧いただきたい。

〈年青人的就學比率大幅上升〉
　在2016年，３至５歲兒童的就學比率是92.5％，而６至17歲的兒童幾乎全部就學。另一方面，在過去10年，18至24歲的年青人的就學比率，由42.7％大幅上升至51.8％。這顯示專上學院提供更多教育機會，讓年青人可繼續留校進修。
（https://www.bycensus2016.gov.hk/tc/Snapshot-02.html）

　正解は以下のようになる。最後の１文は少し理解しにくいが、それ以外は簡単に読めるはずだ。

「若年者の就学比率が大幅に上昇」

2016年では、3歳から5歳までの児童の就学比率は92.5％で、6歳から17歳までの児童はほとんど全て就学している。一方、過去10年では、18歳から24歳までの若者の就学比率は、42.7％から51.8％に大幅に上昇している。このことは高等教育機関がさらに多くの教育の機会を提供し、若年者が引き続き学校に残り、進学できるようになったことを示している。

　これは日本語と共通な語彙が多く、わかりやすい話題の文章だ。それに、日本漢字と一致率が高い繁体字で書いてある。それらを割り引いたとしても、日本人の中国語読解のアドバンテージはとてつもなく大きい。

　日本語と中国語は親戚関係にもないし、言語のタイプも全然違う。にもかかわらず平均的な日本人なら中国語は勉強しなくても一定程度読める。漢字を知らない外国人にしてみたら、数字以外はただのイラストにしか見えないことを考えると漢字の威力はすさまじい。

　ところで、この文章を見たとき、日本語話者の頭の中にはどのような音が浮かぶだろうか。見出しは「ねんせいにんてき　しゅうがくひりつ　おおはば　じょうしょう」といった感じだろう。本文については、読めない漢字は無音で、読める漢字は音読みと訓読みのミックスといった感じだろうか。

　同じ文章を、香港人なら広東語音で読むし、北京語がわかる人は北京語音で読む。

　中国語の書き言葉は漢字で書かれるがゆえに音声フリーである。それこそが世界の他の言語には見られない、中国

語のユニークな特徴である。

　過去を振り返れば、日本人は古代中国語を模した"文言文"、つまり漢文も、音声フリーという特徴を利用して、返り点や送り仮名を付けて日本語に翻訳して読む「訓読」という読み方をしてきた。"學而時習之"を「学びて時に之を習う」と読む方式のことだ。漢文は日本だけでなく漢字が伝来した朝鮮半島やベトナムなど東アジアの各地でそれぞれ現地なりの読み方がされていた。漢字はそういうことを許してしまう文字だ。

２種類の「標準中国語」

　中国語のこうした書き言葉の特性は折に触れ、色々な人に指摘されてきたことである。

　だが、広東語のプリズムを通して中国語を見直すことで浮かび上がった本書の驚きの主張は、中国語には北京語と広東語という２種類の標準中国語があるということだろう。

　北京語が中国語の標準的オプションであるのは言を俟たない。だが、中国語の標準的オプションは北京語だけだろうか。

　第３章で見たように、「話す・聞く・読む・書く」の４技能全ての「中国語」活動が行える広東語は、北京語と並ぶもう１つの標準中国語と言えるのではないか。そんな主張である。

　この２つの標準中国語の世界を図示すると次のようになる。

　図６‐１の右側が表すのが中国語活動を広東語オプションで行う「中国語（広東語）」の世界だ。それに対し、北

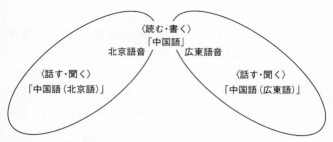

図終‐1 「標準中国語」の2つのオプション

京語オプションで行うのが左側の「中国語（北京語）」の世界だ。右側の世界は香港やマカオの華人の中国語世界を表す。海外の広東語系の華人もこちら側にいる。

　このように、中国語には標準オプションが合計2種類ある。1つが北京語、もう1つが広東語だ。

　もっとも、1つの言語に対して標準オプションが2種類以上存在するというのは珍しくない。英語にはアメリカ式とイギリス式という少なくとも2つの規範がある。

　中国語についても、大陸式と台湾式という2つの規範が認められる。ただ、これはどちらも北京語のことであり、お互いに話して通じる言葉だ。

　一方、広東語は話しても全く通じない。それなのに同様に中国語の標準オプションになりえるのは、漢字が音声フリーという珍しい特徴を持つからにほかならない。英語など他の言語にはありえない中国語ならではの現象だ。

マイナーな標準中国語

　ただし、2つの「標準中国語」は、実際には図6‐1で

見るほど対称的な関係ではない。北京語がメジャーな標準中国語だとしたら、広東語はマイナーな標準中国語だ。両者には次のような違いがある。

　1つは法的な裏付けの有無だ。北京語が放送や教育、公務等で用いられる標準的言語、すなわち標準中国語であることについて、中国では法律で明記している。一方、広東語が標準中国語であることはどこにも明文化されていない。あくまでそのように機能している実態があるということだ。

　もう1つ違うのは、「話す・聞く」ときの共通語としての役割だ。北京語は全華人社会の共通語になっている。方言が異なる華人同士が意思疎通に使う言葉だ。他方、広東語は限られた範囲でしか共通語として機能しない。

　そしてもう1つの大きな違いが言文一致度の差だ。第3章で詳述したように、現代中国語の書き言葉は北京語の語彙・文法をベースにしているため、「中国語（北京語）」のオプションでは言文一致度は高いが、「中国語（広東語）」のオプションでは低くなる。

　言文不一致の書き言葉は、香港人のように広東語を母語として日々話す人ならまだ使いこなすことができる。だが、母語が他の言語である外国人には大変学びにくい。海外の華人移民の子孫の場合、たとえ広東語が家庭のルーツ言語だとしても、中国語の読み書きを広東語の音で学ぶのは言文不一致になりハードルが高い。非漢字圏の人にはそもそも漢字の学習自体が重荷である。

　アメリカなど海外の中華学校が、かつては広東語で中国語を教えていたのを近年北京語に切り替えるようになっているのは、話し言葉として北京語に需要があることもある

が、書き言葉を学ぶ上でも北京語を使ったほうが話し言葉と言文一致していて有利だということがあるだろう。香港で"普教中"が支持されるのと同じ理由である。

これらの理由から、広東語は標準中国語のオプションとしてはマイナーで見劣りがする。

けれども、事実上、中国語に２つの標準オプションが存在しているということは否定できないのであり、このことは日本人が従来考えていた中国語像とは相当違うはずだ。

2　あらためて「方言」とは？

広東語は「方言」か？

さて、広東語のプリズムを通すことでもう１つ考えさせられるのは、「方言」とは何なのかという問題だ。

広東語は中国語の方言だとよく説明される。だが、本書で見てきた話からすると、我々が一般に考えているような方言とはまるで様子が違う。広東語は果たして方言と言えるのだろうか。

まず少し整理しておきたい。そもそも「方言」というけれども、これはよく考えるとかなり曖昧で厄介な概念だ。少なくとも２つの使い方がある。

１つ目は、「方言」をある１つの言語のサブカテゴリーと考えることだ。もしこの意味で、広東語が方言なのかそれとも別の自律した言語なのかと問われれば、広東語も中国語のサブカテゴリーの１つであるから方言であると言える。ちなみに、本書では広東語はもう１つの標準中国語だ

と主張したが、そのことと方言だということは矛盾しない。標準的かどうかにかかわらず、中国語の1種には違いないからだ。

　他方、「方言」と言ったときの2つ目の使い方は、「標準語」ではない、非標準的な言葉という意味で使うことだ。どちらかと言えば、私たちが日常語のレベルで「方言」というと、こちらの意味を指している。

　もしこちらの意味で広東語が方言なのかと問われれば、中国大陸について考える場合、広東語は方言だと言える。北京語が標準語で、広東語は一地方の方言という非対称な関係だ。広東語は北京語と違ってメディアや教育での使用には制限があり、家庭や地域社会といった私的な場での使用が中心だ。シンガポールでも同様だ。北京語が中国語の中で唯一、標準語の地位にあり、広東語は福建語などと同様、その他の方言という位置づけである。

　だが、香港やマカオではそうではない。広東語は実質的に標準語である。再三述べてきたように、教育やメディア、オフィシャルな場面でも使われ、使用場面には制限がない。

　こういうように、ところ変われば地位も変わるという複雑な身分を持つだけに、広東語が方言なのかという問いについては、香港の人の中でも意見が分かれる。

　方言とは考えないという人は、広東語が香港で標準的な中国語の代表として振る舞う現実を踏まえて言っているのだろう。広東語を「公用語ではない一種の中国方言」と述べた教育局の文書に対し香港の市民が反発したのはそのためだ。

政治が引く境界線

　2つ目の「方言か標準語か」は、上でみたように、その言葉が使われる社会を見なければわからないが、1つ目の「方言か言語か」もそれぞれの社会を見なければわからない。

　よく言われるように、方言ではなく自律的した1つの言語なのかどうかは、言語的な基準だけで判断することはできない。お互い理解できるなら方言、理解できないほど違うなら別の言語、というように、相互理解度を基準に決められるものではない。

　第一、相互理解度を基準にすれば、中国語の南方諸方言は別々の言語になってしまう。

　また、逆に、世界にはお互いに近い系統関係にあり何となく理解できるのに別の言語とされる例がたくさんある。

　例えば、再三例に挙げたゲルマン語派の言語のうち、スウェーデン語とノルウェー語、デンマーク語はそのまま何となく会話できるほど似ている。だが、これらは違う国の言語であり、別々の言語として数えられる。

　また、同じインド・ヨーロッパ語族のうち、インド・イラン語派に属すペルシア語はイランの公用語だが、タジキスタンのタジク語、アフガニスタンのダリー語といずれも相互理解が可能な関係にあるという。

　マレー語とインドネシア語もとても似ていて、お互いに意思疎通が可能だ。タイ語とラオス語がお互い方言のような近さで相互理解が容易だということも付け加えておこう。

　しかし、このように別々の国の公用語になっている言語を、通じるからといって方言だと言ったら大変な問題にな

る。

このように、言語なのか方言なのかという位置づけは、それを使う社会、そして突き詰めて言えば政治を要因として決まる、きわめて恣意的なものである。まずはそのことを押さえておきたい。

台湾語という言語

方言と言語の境界が社会や政治によって決まるということは、同じ中国語方言に由来する言葉でも社会が違えば「方言」ではなく「言語」になりえるということを意味する。

台湾における閩南語や客家語などの位置づけはまさにそれを表している。

先述のように、台湾では1949年前後に大陸から北京語がもたらされるよりずっと前から、オーストロネシア語族の原住民の諸言語が話され、加えて17世紀ごろからは福建・広東の移民が持ち込んだ中国語諸方言が話されていた。閩南語、客家語がそれにあたる。このうち最も話し手が多い閩南語は日本統治時代には「台湾語」という名称で呼ばれ、多くの台湾人が母語としていた。日本統治時代に日本語からたくさん単語を取り入れ、語彙的に独自色があるものの、大陸の厦門一帯の福建閩南語とは今も相互理解が難なくできる。

だが、台湾の閩南語（台湾語）は今の台湾では一般にもはや「中国語の方言」とは見なされていない。「台湾語」は大陸の福建の閩南語とは異なる言語だとはっきり述べる台湾人言語学者もいる。

台湾では1980年代末の民主化以降、長らく北京語による言語統一の影で抑圧、差別されてきた閩南語などの地位回復が行われるようになった。民進党政権下でさらに台湾固有の言語文化の多様性を尊重する方向が根付き、今に至っている。

　その結果、先の「方言 vs. 言語」の議論に沿って言えば、台湾における閩南語は中国大陸の一方言を発祥としながらも、今や台湾に根付いた「言語」であるとの位置づけがなされている。

　これに実態的裏付けを与える上で見逃せないのが、独自の書き言葉の確立である。

　現在、台湾では香港や中国大陸同様、標準的書き言葉としては北京語に基づいた書き言葉が使われている。一方で閩南語の話し言葉を基にした言文一致の書き言葉の整備も、自分たちの母語で書こうという動きの中で模索されてきた。閩南語で作品を書くという創作活動は日本統治時代にもあったが、本格的には民主化以降に盛んになる。今では作家や教師など知識人が小説、散文などを多数刊行している。さらに、公視の台語台というテレビチャンネルでは字幕も閩南語で書かれている。筆者は目下、広東語との文法比較研究のため閩南語の例文収集をしているので、こうした言語データはとてもありがたい。

　ただ、閩南語による書き言葉の標準化には課題が多い。漢字で書くにしても、語源が不明ないし不確定で、どう書けばいいのかわからない語が大量にあるのだ。第1章で触れたように、広東語にもそういった語は多い。けれども、広東地方では造字や当て字をして漢字表記することが民間

で盛んに行われてきた積み重ねがあるため、常用語の書き方は割と一定している。

　しかし、第5章で述べたように閩南語が属す閩語はそもそも語彙的に非常に古めかしい特徴を持つ。それだけに広東語よりも語源が突き止めにくい語がずっと多く、漢字表記は困難を極める。それでいっそのこと全てローマ字表記にしたり、漢字とローマ字混交表記にしたりという試みも見られる。近年は政府により漢字表記の規範がオンライン辞書の形で公開され、それに基づく表記が増えている。

　ともあれ、台湾の閩南語では話し言葉に基づいた書き言葉の標準化が模索されており、「言語」としての自律化を志向している。

　先述の通り、古来、中国語（漢語）が話し言葉においてすさまじく多様でありながら、1つの中国語の傘の下にまとまることができているのは、書き言葉が単一だからだ。現代では北京語をベースにした書き言葉が紐帯の役を果たしている。

　裏を返せば、もし各方言がそれぞれ独自の標準的な書き言葉を持つようになれば、それらはもはや中国語とは言えない別の言語として一歩を踏み出すことになる。

香港の広東語との違い

　このように、台湾において閩南語は、「中国語」の枠から飛び出した「台湾語」という別の言語と見なされるのが一般的であり、公式にもそのように位置づけられている。

　これは香港における広東語の位置づけ方とはかなり違う。

　繰り返し述べるように、広東語は香港では中国語の代表

である。つまり、広東語はあくまで中国語の1種として存在している。近年の広東語 vs. 北京語という勢力争いも、中国語の読み書きをどちらで教えるかという"粵教中"（広東語で中国語を教える）vs. "普教中"（北京語で中国語を教える）の論争に典型的に見られるように、つまるところ、中国語の代表の座をめぐる争いである。"粵教中"の擁護者は中国語の書き言葉の使用を前提にした上で、広東語音で読む習慣の維持を主張しているのである。広東語の話し言葉に基づいた言文一致の書き言葉を確立しようとしているわけではない。

すなわち香港の場合、「中国語」という上位概念がまずあり、広東語はそのサブカテゴリーとして北京語と並んで存在するという位置づけ方である。第4章で先述した、言語教育政策"兩文三語"「2つの書き言葉、3つの話し言葉」の理念もそうした見方を反映している。香港の広東語はあくまで「中国語」の枠に収まるものである。

それに対し、台湾の状況はまるで違う。中国語方言をルーツとし長らく台湾に根差してきた言語には、台湾語のほかにも、客家語、馬祖語がある。馬祖語は目と鼻の先にある福建省福州の福州語とほぼ同じ言葉である。しかし、これらは（少なくとも公式見解では）どれも1つ1つが自律した言語として位置づけられ、「中国語」のサブカテゴリーといった扱いではない。

「中国語」をめぐるずれは、日常語のレベルで観察していても見られる。

台湾の人は"中文"（中国語）と言うときは、北京語だけを指している。「"台語"は"中文"よりも古い」という

通説などは、台湾語が中国語の中に含まれないからこそ成り立つ言い方だ。

　これは香港の"中文"（中国語）とはかなり違う。

　第３章で示したように、広東語を話す外国人を見て「中国語を話している」と表現できるように、香港では中国語とは広東語のことを指している。英語をたくさん混ぜて話す人に対し"講中文啦！"「中国語で話せよ！」と言ったりするが、そのときの「中国語」も広東語のことを指している。

　また、第４章でみた香港映画『恋の紫煙』には、春嬌が"啱""合う"という広東語特有の語を文字列に含んだメールアドレス"啱channel@ymail.com"を伝えて来たのに対し、志明が「（メアドに）「中国語」なんかあるか？」とびっくりするシーンがある（図４‐７）。これも同じ道理である。

　こうして、香港では広東語は「中国語」の１種、つまり中国語方言として捉えられている。一方の台湾では、閩南語等は中国語方言ではなく言語と位置づけられている。

　台湾の例が示すように、中国語についても方言と言語の境界というのは、社会が違えば変動する、突き詰めれば政治が決めるということが当てはまる。

日本語の「訛り」

　最後に、方言間の言語的な違いについても、日本人が一般に持つ感覚を問い直してみたい。

　本書では広東語を「方言」と呼ぶことに抵抗があると何度か述べた。それは第一に「方言」というと、一般的には

非標準語という意味合いでよく使うからで、それでは香港での広東語の使用実態をうまく説明できないからだ。

　もう1つの理由は、純粋に言語上の差の大きさから「方言」と呼びたくないのである。「方言」と言うと日本では「訛り」のようなものだという感覚が一般にある。けれども、この感覚を広東語はもちろん、上海語、福建語、客家語など、中国の東南部の方言に当てはめるわけにはいかない。これらはどれも日本の方言でいう「訛り」とは質的に違うものである。

　以下では話を単純にするために、もっぱら中国大陸の方言について述べることにする。つまり、北京語が標準語で、その他の方言はどれも非標準語という位置づけの社会について述べる。

　そもそも、考えてみれば、「訛り」とか「訛っている」とかいう言い方は、発音が標準からずれていることを指していうものだ。別に方言のことを言うときだけに限らない。外国人の話す日本語も標準的でなければ母語の訛りがあると言う。

　日本語の各地の方言には、それぞれ固有の発音の体系がある。けれども、それを「訛り」、つまり、標準から逸脱した発音、というように標準語と地続きで捉えようとする感覚は日本語の話者には根強い。

　例えば、「シ」と「ス」が区別なく一緒になっている方言があるとする。「梨」（なし）と「茄子」（なす）は同じ発音になる。そういう例を聞くと、一般の日本語話者は「訛り」と捉えるのが普通だ。

　また、周知のように、日本語では方言によってアクセン

トの体系がかなり違う。けれども、標準語と違うアクセントを持つ方言を聞くと、何となく「訛っている」と感じる。

　もっとも、関西方言は知名度が高いので「訛っている」というよりも「関西弁だ」という印象になるかもしれない。けれども、関西方言に対してポジティブなイメージを持たない人にとっては、標準語と比べればやはり「訛り」と捉えられるのかもしれない。

　こんな風に、日本語話者は方言の発音特徴のことを標準（語）から逸脱した「訛り」だと見なす感覚が強い。

　この感覚は中国語方言には適用できない。

　先述のように、中国語方言の場合、音韻が違っていることが方言間の最大の違いだ。しかし、中国語南方方言の発音特徴については、日本語の「訛り」が表すような、標準（語）からの逸脱という捉え方はまずできない。

　そもそも逸脱していると感じられるためには標準の発音とある程度似ている必要がある。しかし、これらの方言は、標準語のベースである北京語とは全く似ていない。例えば、"學"「学ぶ」が北京語で「シュエ」なのに、広東語（広州）で「ホーッ」といい、福建語（厦門）で「オッ」というのは、もはや「訛り」の次元ではない。広東語や福建語は、母音、子音、声調の数や種類と組み合わせに至るまで北京語とは根本的に違っていて、まるで別の言語のような、自律した音韻体系を持っている。

　ヨーロッパ言語にたとえて言えば、英語やオランダ語、ドイツ語にそれぞれ固有の音韻体系があるのと同じだ。私たちはオランダ語やドイツ語の発音を聞いてそれを英語の訛ったものだという風には思わない。広東語や福建語の発

音について北京語の「訛り」という捉え方をするのはそれぐらいおかしなことである。

ちなみに、「訛り」に相当する言い方は、中国語（広東語）では"口音"hau²yam¹という。だが、これはまさに標準から逸脱した発音特徴のことを言うのであって、例えば日本人が広東語を話すとき、あるいは香港人が北京語を話すときに母語の"口音"があると言う。

標準語と方言との切れ目

そう考えてみれば、日本語の場合、音韻だけでなく、語彙についても標準語と方言とは地続き感がある。

日本では方言談義になると、「○○弁には〜〜という言い方や語尾がある」と、方言独特の語やフレーズの話になるのが常だ。

例えば、筆者の母語方言の関西弁には「なんぼ」「どない」「こそばい」「いちびる」といった言い方があるのだが、標準語で何と言うかわかるだろうか。

正解は「いくら」「どう」「くすぐったい」「ふざける」である。

では、関西弁話者は関西弁を話すときはつねに「なんぼ」、「どない」などの方言形しか使わないのかと言えばそんなことは決してない。標準語形も結構使う。

筆者は方言意識が強いので、関西以外の人にも親しい関係なら関西弁で話す。ただし、誤解を生んだり、インフォーマルな感じが強すぎたりすると思うときは所々方言形から標準語形に取り換える。

例えば、「しまう、片づける」の意味の方言形「なお

す」は、「修正する、修理する」の「直す」とよく誤解されるので、なるべく標準語形「しまう」を使う。以前、大学での授業で小テストをするときに「早く教科書なおして！」と言ったら学生がキョトンとしていた。教科書にどこか間違いがあるのかと思ったのだ。それ以来、関西圏以外では「教科書しまって！」と言うように気を付けている。「どない」は方言の色彩が強いので、ノンネイティブに対しては「どないする？」ではなく「どうする？」にしておこう、といった具合に選択をする。

　関西人ネイティブ同士で話すときでも、よそ行きの感じやフォーマルな感じにしたいときに、半ば無意識的に標準語形を選んで話していることがある。例えば、くつろいでざっくばらんな話し方のときは、否定には方言形の「ん」や「へん」を使って「わからん、わかれへん」と言うが、フォーマルな感じにするときは標準語形の「ない」を使って「わからない」と言う。

　こういう風に、関西弁を話す中で標準語形を自由に入れ込んでスタイルを調整することができる。標準語形の表現をたくさん使えば使うほど、方言度が薄まるし、ノンネイティブに理解されやすくなる。そういう中間的なスタイルがあり、標準語と方言の間がグラデーションを成して地続きになっている。

　けれども、実際のところ、そもそもどれが方言形で標準語形か、明確に意識していないネイティブの方が多いかもしれない。それぐらい、標準語と方言とは切れ目なくつながっている。

　以上は関西弁についてだが、他の方言についてもそうい

う中間的なスタイルがあると言われる。

　しかし、中国語、特に広東語や福建語のような南方方言はそれとはかなり状況が違う。

　方言で話しているときはもっぱら方言形を使い、標準語形を混ぜ込んで使うというようなことはしない。例えば、「いくら」は、広東語（広州）では"幾多^{ケイトー}"、福建語（厦門）では"偌濟^{ロアツォエ}"と言う。方言の中ではつねにこれらの方言形を使い、標準語（北京語）の語形を広東語読みした"多少^{トースィウ}"、福建語読みした"多少^{トーシアウ}"を適宜選んで使うようなことはしない。

　つまり、「方言」とはいうものの、個々の方言の体系の独立性が高く、標準語は標準語、方言は方言というように、両者の間には断絶があるのだ。

　たとえて言えば、ドイツ語はドイツ語、英語は英語というように、別言語として存在している感じだ。だから、自分の方言を理解しない相手と話すときは、日本語のように方言の濃度を薄めて話すのではなく、最初から標準語に切り替えて話すのである。

　音韻の点でも中国語方言はそれぞれが自律した体系を持っていて、標準語と方言とは断絶しているが、このことは語彙に関しても言えるわけだ。

「方言」のラベル

　中国語方言は互いにまるで外国語のようだ、とよく言われる。ここまで各方言の自律性が高いと、日本人の感覚では全く違う仕組みを持った別々の言語と捉えたほうが誤解がなくていい。日本語では「広東語」「上海語」のように、

「〜語」という捉え方をするのが適切だと思う。

「方言」というラベルは紛らわしい。もちろん、中国語の方言の中にも、北京語の周辺の言葉など、標準語とあまり差がない「訛り」の程度の方言もある。けれども、それらは中国語方言の代表的な存在ではない。中国語で方言と言えば、やはり広東語や上海語のような外国語並みに違う方言が代表だ。

一方、日本語では方言というと一般に関西弁が代表的な存在として考えられている。学生に「方言と聞いて思いつくのは？」とアンケートをとってみると半数がそう答える。もちろん、日本語の方言も多様である。東北や九州の年配者が話す伝統的な方言はよそ者には聞き取れないし、沖縄の言葉ははっきり言って外国語である。文法も実は方言で結構違っていて面白い。ただ、そうした外国語並みに違う方言は日本の各地で徐々に聞かれなくなっていることもあり、平均的な日本人の意識の中では、方言を「訛り」と捉える感覚が強い。

先に述べたように、方言か言語かの境界は社会や政治が線を引くものである。言葉そのものが相互にどれほど違っているかということとは関係がない。ある社会で標準語ではない地方方言とされている言葉が、別の社会で１つの言語とされることもある。地方方言でも、言語として自律性や公共性の度合いが高いこともある。

一口に「方言」と言ってもところ変われば品変わる。「方言」というラベルが喚起するイメージは一旦しまい込んで、先入観なしにそれぞれの言語に向き合っていきたい。何しろ世界には何千ものユニークな言語があるのだ。

広東語をめぐる本書の旅が、世界の言語や方言のあり方を探求する新たなる旅の始まりになりますように。

あとがき

　広東語をめぐる旅のはずが、随分、遠くまで旅してしまった。

　ときには広東語の世界から飛び出して外の世界に踏み出したりした。そんなときはガイドを務める筆者の足取りにおぼつかないところがあったかもしれない。

　筆者の専門分野は中国語学で、中でも広東語、それも文末助詞だとか、方向動詞や否定詞だとか、文法と意味の分析をテーマにしている。

　それが本書を書くことになったのは、長年付き合ってきた広東語に対し、「中国語方言の１つ」といった月並みな説明で済ませることに不誠実さを感じていたからだ。広東語やその他の中国語方言に関心を持つ人が昔に比べると減ってきたことへの焦りもある。

「中国語」や「方言」に対して平均的な日本人が抱くイメージと、自分の中の広東語に対する感覚のずれが、年々自分の中で増していた。

　香港だけでなく、海外華人社会でも北京語と並ぶ、あるいはしのぐほどの勢力を持つ広東語は、どう考えても「もう１つの中国語」だ。中国語方言の中でも別格である。そこで、世界に広がるグローバル中国語としての看板を掲げ、広東語の姿を、それを取り巻く他の言語との関係に言及し

つつ、様々な角度から描き出すという案を着想し、書き始めてみた。

　ああでもないこうでもないと書いているうちに、考えがさらに深化してきた。

　筆者は職業柄、日常的に中国語を読んだり聞いたり、よく触れている。けれども、それは広東語を通してである。本文でも触れたように、筆者は中国語の文字を見ると頭の中で反射的に広東語の漢字音で読む。北京語は使わない。

　そんな筆者にとって広東語は、広東語というより、中国語そのものの化身だ。広東語は「もう１つの標準中国語」、そう考えるのが一番しっくりくると気づいた。

　そこからさらに色々なことを考えた。広東語だけでなく、もう少し広がりのある話題に昇華できないだろうか。それで、中国語とは何だろう、方言とは何だろう、標準語とは何か、言語が生き残るには何が大事か、話し言葉と書き言葉の違いは何だろうかなどなど。本来の専門から逸脱し、言語とそれを話す人々と社会の話が大半を占める本になった。

　筆者はもともと外国の言葉に興味があった。母校の東京外国語大学では中国語（北京語）を専攻したが、公開講座にもぐりこんでモンゴル語やトルコ語の講義も聞いてみた。満洲語の授業も受けた。字のつづり方が難しすぎて３週間で挫折したが、タイ語も自習してみた。フランス語や韓国語はラジオ講座を聞いて半年勉強したので、今も一部覚えている。

　北海道大学在職時には大学院で多言語相関論という演習

を10数年担当し、記述言語学や言語類型論の概説書を輪読したり、アイヌ語、フィンランド語、インドネシア語やハワイ語などの語学テキストを読ませて、普段あまり学ぶ機会のない言語の文法について考える授業をしてきた。

どの言語も面白い。言語は平等だ。言語そのものに優劣はない。

だが、現実はそんなきれいごとだけではすまない。社会的機能やステータスには差がある。ステータスの低い言語は話者が減って衰退していく。衰退しなくても、強大なほかの言語の影響を受けて元の形でなくなったりする。

広東語は香港では堂々たる標準語の扱いであるが、それでも近年は北京語の影におびえる。他方で広東語は、台山語や客家語などを侵食し蹴散らしてきた。

英語や北京語、フランス語などは、今後も地位にゆるぎなさそうな強大な言語である。日本語も国内で他の言語との競争がないので、その地位は安泰である。だが、そうではない広東語のような言語を専門にしていると、言語の力関係や、社会での位置づけ、政治的・経済的な動力に敏感にならざるを得ない。日本語は安泰であると言ったけれども、日本語の内側の方言を見れば、「強い」方言とそうでない方言とがある。話し手が減って消えゆく方言は多い。

言語そのものを研究をするうえでも、そういう側面への目配りは欠かせない。

語彙や文法は、影響の強い言語から借用され、容易に変化を受ける。どれが固有の言い方で、どれが外来のものか、はたまた新しいハイブリッドな言い方なのか、見極めなければ的確な記述ができない。

広東語について言えば、広州のような中国広東省で話される広東語は、北京語の影響を強く受ける。北京語と広東語のバイリンガルが多く、広東語を話すときに北京語の言い方を持ち込むのだ。そのため、語彙はもちろん文法まで北京語風になっているところがある。漢字の読み方も北京語からの類推で、本来の広東語の読み方ではなくなっているものが見られる。

　その点、北京語との二重言語状態にない香港人の話す広東語はかなり保守的だ。大陸の若い広東語話者にはわからない伝統的な広東語の言い方が香港には残っている。

　一般に、広東語となるとどうしても香港の話に終始しがちだ。しかし、広東語の隠れた実力は、グローバルな伝播にある。それを見るため、海外の広東語、特にアメリカの華人移民社会の広東語について歴史をたどってみた。

　その一環で1930〜40年代のアメリカの華人俳優が出てくる白黒映画を大量に見た。いつ何時「中国語」つまり、広東語のセリフが出てくるかもしれないからだ。英語のセリフしかなく、空振りに終わることもあった。たまに広東語、それも台山語が出てくると感動した。本文では取り上げなかったが、20世紀初頭、サンフランシスコで出版された、華人移民が広東語（及び台山語）の口語混じりで生活の苦楽を描いた詩歌集などにも目を通した。気がつけば、図らずも新大陸に広東語世界を広めることになったパイオニアたちに強いシンパシーを抱くようになっていた。

　一方、それがまた原点回帰につながった。20世紀後半以降の広東語の中心地はやはり香港であり、アメリカでもオ

ーストラリアでも、東南アジアでも、広東語系海外移民の間では香港のコンテンツが消費されるからだ。

ところが、最近、大学の講義の後で、香港映画というジャンルがあるのですか？という質問を学生から受け、思わず言葉を失った。中国映画と区別される香港映画というものがあることを学生は知らなかったのだ。大陸と一体化していく香港の昨今を思い知らされた。

そこで、好きな作品を中心に、香港映画をたくさん取り上げた。けれども、本文で挙げられなかった作品もまだまだある。『香港電影的広東語』『香港電影的広東語 續集』という素晴らしい本がある。いくつかの香港映画の名作から名シーンを取り出し、広東語のセリフの解説と対訳が載せられている。ぜひおすすめしたい。

私はやはり1970年代末から90年代ぐらいの作品が香港らしくて好きだ。

初めて見る作品でも、背景に映る香港の街並みを見ると、その時代に住んでいたわけでもないのに、戻らぬ過去を思い、心を揺さぶられる。

本書の原稿を書き始めてからパンデミックを挟んですでに４年もたってしまった。その間、香港では逃亡犯条例改正案に起因する大規模デモ、国安法制定、基本法23条立法と大きな変化が起こった。

言語についてもどんな変化が待ち受けているかわからない。政策により直接の変化が加わらなくても、住む人が入れ代われば、そこで話される言葉も入れ代わる。

長く読まれる本にしたいと願うが、第４章でふれた内容

については本文と合致しないところも出てくるだろうし、不十分なところもあるだろう。けれども、今ここにある姿、そしてかつての来し方を記録しておくことは意味があると信じる。

　筆者の広東語をめぐる「越境」の旅の背後には「本線」の原動力がある。

「本線」とは中国語方言、もとい、漢語系諸語の言語本体の研究である。

　もっぱら広東語の文法を分析してきたが、最近は、閩南語との比較対照に関心がある。漢語系諸語は本文でも触れたように音韻面でバラエティーに富む。文法は差異が少ないと言われるが、よくよく観察すれば、疑問文の作り方、否定文の作り方など色々なタイプがある。ざくざくお宝が埋まっていそうな言語研究の宝庫だ。

　漢語系諸語の多様さには度肝を抜かれる。ぜひ北京語だけでなくほかの「中国語」もかじってみてほしい。

　最後に海のものとも山のものともつかない本書の企画の実現に道筋をつけてくださった中央公論新社の木佐貫治彦さんに感謝を申し上げたい。また、編集担当の胡逸高さんにも大変お世話になった。原稿ファイルのコメント欄に内容に対する改善の指摘と並んでご自身の好きな香港ポップスがそっと書かれてあるのを発見したときには、背中を押してもらっているようでありがたかった。

　旧勤務先の北海道大学そして現勤務先の東京都立大学の方々にもお世話になった。お礼を申し上げたい。

　日本にも海の向こうにも、感謝を述べなければならない人はまだまだたくさんいる。

本書をそれら全ての方々にささげたい。

　2024年5月

　　　　　　　　　　　　　　　　　　　飯 田 真 紀

主要参考文献

†日本語

飯島典子、河合洋尚、小林宏至　2019『客家──歴史・文化・イメージ』現代書館。

飯田真紀　2019a『広東語文末助詞の言語横断的研究』ひつじ書房。
　　　　　2019b『ニューエクスプレスプラス　広東語』白水社。

岩田礼　2017「中国における「方言」──境界と越境」『言語文化の越境、接触による変容と普遍性に関する比較研究』(金沢大学人間社会学域人文学類)：11-34。

沖森卓也　2017『日本語全史』筑摩書房。

華僑華人の事典編集委員会編　2017『華僑華人の事典』丸善出版。

貴堂嘉之　2012『アメリカ合衆国と中国人移民──歴史のなかの「移民国家」アメリカ』名古屋大学出版会。

真田信治編　2011『日本語ライブラリー　方言学』朝倉書店。

志賀市子編　2018『潮州人──華人移民のエスニシティと文化をめぐる歴史人類学』風響社。

周舒静　2023「1960-1980年代の香港における日本製テレビドラマ受容の研究──中国大陸との比較を視野に入れて」東京都立大学博士学位論文。

庄司博史編　2022『世界の公用語事典』丸善出版。

菅野敦志　2012『台湾の言語と文字──「国語」・「方言」・「文字改革」』勁草書房。

園田節子　2009『南北アメリカ華民と近代中国──19世紀トランスナショナル・マイグレーション』東京大学出版会。

高田博行、田中牧郎、堀田隆一編著　2022『言語の標準化を考える──日中英独仏「対照言語史」の試み』大修館書店。

武上真理子　2014『科学の人（マン・オブ・サイエンス）・孫文──思想史的考察』(現代中国地域研究叢書)勁草書房。

日本中国語学会編　2022『中国語学辞典』岩波書店。

廣江倫子　2021「香港の法・司法制度はどのようなものか」(廣江倫子、阿古智子編)『香港国家安全維持法のインパクト──一国二制度における自由・民主主義・経済活動はどう変わるか』日本評論社。

馬場裕子　2016「神戸中華同文学校の多文化・多言語教育──学校コミュニティの維持・創造をめぐって」立命館大学博士論文。

前田富祺、野村雅昭編　2005『朝倉漢字講座1　漢字と日本語』朝倉書店。

寺澤盾　2008『英語の歴史──過去から未来への物語』中央公論新社。

山下清海　2023『華僑・華人を知るための52章』明石書店。

吉川雅之編　2009『「読み・書き」から見た香港の転換期──1960〜70年代のメディアと社会』明石書店。

吉川雅之、倉田徹編　2016『香港を知るための60章』明石書店。

†中国語

陳曉錦　2014《東南亞華人社區漢語方言概要（上）》廣州：世界圖書出版。

陳曉錦主編　2018《漂洋萬里覓鄉音：第五屆海外漢語方言國際研討會論文集》廣州：世界圖書出版。

程美寶　2020〈城市之聲西關音：由省至港及滬〉《中國語文通訊》第99卷第1期：3-10。

鄧小琴　2019《粤方言書面化及其歷史演變研究》金琅學術出版社。

費錦昌主編　1997《香港語文面面觀》北京：語文出版社。

黃晶榕、林金丹　2022〈香港學校推廣「普教中」的現狀、挑戰與出路〉《紫荊論壇》。https://bau.com.hk/article/2022-10/26/content_1034780576896364544.html

吉川雅之　2019〈西文資料與粤語研究〉《中國語学》266：11-29。

李新魁、黃家教、施其生、麥耘、陳定方　1995《廣州方言研究》廣州：廣東人民出版社。

梁慧敏、李楚成　2020《兩文三語：香港語文教育政策研究》香港：香港城市大學出版社。

劉鎮發　2001《香港客粤方言比較研究》廣州：暨南大學出版社。

羅言發　2022《澳門話近兩百年來的音變：兼論廣州話、中山話的歷史音變》北京：清華大學出版社。

麥禮謙（韋忠譯）　2002〈中華傳統的存續：二戰前美國華文學校研究〉《華僑華人百科全書：總論》北京：中國華僑出版社：641-58。

邵慧君、甘于恩　1999〈廣東四邑方言語音特點〉《方言》第2期：128-135。

王晉熙　2022《粤語忌諱現象的語言學研究》香港：紅出版（青森文化）。

王力、錢淞生　1950〈台山方音〉《嶺南學報》10(2)：67-104。

楊康婷　2022《香港的漢語外來詞：語言接觸與文化融合研究》香港：商務印書館。

游汝杰　2016〈當代漢語的國際觀〉《漢語方言在海外的播遷與變異：第四屆海外漢語方言國際研討會論文集》：9-25。

詹伯慧、甘于恩　2012《廣府方言》廣州：暨南大學出版社。

張勵妍、倪列懷、潘禮美編著　2018《香港粤語大詞典》香港：天地圖書。

趙元任　1948〈中山方言〉《中央研究院歷史語言研究所集刊》第20本上冊：49-73。

　　　　1951〈台山語料〉《中央研究院歷史語言研究所集刊》第23本上冊：25-76。

中國社會科學院、澳大利亞人文科學院　1987《中國語言地圖集》香港：朗文（遠東）商務印書館。

中國社會科學院語言研究所　2012《中國語言地圖集（第2版）：漢語方言卷》北京：商務印書館。

周長楫、周清海　2002《新加坡閩南話詞典》北京：中國社會科學出版社。

鄒嘉彥、游汝杰　2003《漢語與華人社會》香港：香港城市大學出版社。

†英語

Ball, James Dyer. 1907. *Cantonese Made Easy: A Book of Simple Sentences in the Cantonese Dialect, with Free and Literal Translations, and Directions for the Rendering of English Grammatical Forms in Chinese*. (3rd edition). Singapore: Kelly & Walsh.

Bauer, Robert Stuart. 1984. The Hong Kong Cantonese speech community. *Cahiers de Linguistique Asie Orientale*, vol. 13-1: 57-90.

Carroll, John M. 2007. *A Concise History of Hong Kong*. Lanham, Maryland: Rowman & Littlefield Publishers.（倉田明子、倉田徹訳　2020『香港の歴史──東洋と西洋の間に立つ人々』明石書店。）

Chen, Katherine H. Y. 2018. Ideologies of Language Standardization: The Case of Cantonese in Hong Kong. In James W. Tollefson and Miguel Pérez-Milans (eds.), *The Oxford Handbook of Language Policy and Planning*, Oxford University Press, 202-220.

Cheng, Siu-Pong and Tang Sze-Wing. 2016. Cantonese. In Chan Sin-wai (ed.)., *The Routledge Encyclopedia of the Chinese Language*, London and New York: Routledge, 18-34.

Evans, Stephen. 2016. *The English Language in Hong Kong: Diachronic and Synchronic Perspectives*. London, UK: Palgrave.

Hom, Marlon K. 1987. *Songs of Gold Mountain: Cantonese Rhymes from San Francisco Chinatown*. Berkeley, Los Angeles and London: University of California Press.

Huang, Yunte. 2010. *Charlie Chan: The Untold Story of the Honorable Detective and His Rendezvous With American History*. New York: W. W. Norton & Company.

Kataoka, Shin, and Cream Lee. 2008. A system without a system: Cantonese Romanization used in Hong Kong place and personal names, *Hong Kong Journal of Applied Linguistics* 11,The University of Hong Kong, 79-98.

Lee, William Poy. 2007. *The Eighth Promise: An American Son's Tribute to His Toisanese Mother*.

Leung, Genevieve. Y. 2011. Disambiguating the Term "Chinese": An Analysis of Chinese American Surname Naming Practices. *Names: A Journal of Onomastics*, 59(4): 204-213.

　　　　　　　2021. "Maybe useful to the future generation but not my own": How "useful" is Mandarin really for contemporary Hoisan-heritage Chinese Americans in the San Francisco Bay Area?, *Language & Communication*. Volume 76: 121-130.

Louie, Emma Woo. 2008. *Chinese American Names: Tradition and Transition*. Jefferson, North Carolina: McFarland & Company.

Ng, Patrick Chin Leong. 2017. *A Study of Attitudes of Dialect Speakers Towards the Speak Mandarin Campaign in Singapore*. Singapore: Springer Nature.

So, D. W. C., and Lau, Chun-fat. 2013. Rapid large scale intra-nationality language shift in Hong Kong 1949-1974. *Journal of Chinese Linguistics*, 41(1): 21–51.

Williams, S. Wells. 1856. *A Tonic Dictionary of the Cantonese Language*（英華分韻撮要）, Canton.

Wong, J. 2004. The particles of Singapore English: A semantic and cultural interpretation. *Journal of Pragmatics*, 36(4): 739–793.

Wong, Ting-Hong. 2002. *Hegemonies Compared Hegemonies Compared: State Formation and Chinese School Politics in Postwar Singapore and Hong Kong*. New York: Routledge.

Zhang, Zhen Jiang.（張振江）2009. *Language and Society in Early Hong Kong (1841-1884)*（早期香港的社會和語言）廣州：中山大學出版社。

鄭智若 1909. *Chinese and English Phrase Book and Dictionary*（華英類語）. Vancouver: Thomson Stationary Co. Ltd.

† 動画

CrossTalk: English vs Globish　RT　2011. https://www.dailymotion.com/video/xufehh

地図作成　モリソン

図表作成　ケーアイ・プランニング

飯田真紀（いいだ・まき）

1998年東京外国語大学大学院地域文化研究科修士課程修了，2005年東京大学大学院人文社会系研究科博士課程修了．博士（文学）．香港中文大学中国文化研究所客員研究助手，北海道大学メディア・コミュニケーション研究院准教授を経て，現在，東京都立大学人文社会学部教授．専門は中国語学・広東語文法．
著書『NHKテレビ アジア語楽紀行——旅する広東語』［監修・執筆］（NHK出版、2006年）
　　　『ニューエクスプレスプラス 広東語』（白水社，2019年）
　　　『広東語文末助詞の言語横断的研究』（ひつじ書房，2019年）など

広東語の世界

中公新書 2808

2024年6月25日発行

著　者　飯田真紀
発行者　安部順一

本文印刷　三晃印刷
カバー印刷　大熊整美堂
製　　本　小泉製本

発行所　中央公論新社
〒100-8152
東京都千代田区大手町 1-7-1
電話　販売 03-5299-1730
　　　編集 03-5299-1830
URL https://www.chuko.co.jp/

中公新書刊行のことば

一九六二年十一月

いまからちょうど五世紀まえ、グーテンベルクが近代印刷術を発明したとき、書物の大量生産は潜在的可能性を獲得し、いまからちょうど一世紀まえ、世界のおもな文明国で義務教育制度が採用されたとき、書物の大量需要の潜在性が形成された。この二つの潜在性がはげしく現実化したのが現代である。

いまや、書物によって視野を拡大し、変りゆく世界に豊かに対応しようとする強い要求を私たちは抑えることができない。この要求にこたえる義務を、今日の書物は背負っている。だが、その義務は、たんに専門的知識の通俗化をはかることによって果たされるものでもなく、通俗的好奇心にうったえて、いたずらに発行部数の巨大さを誇ることによって果たされるものでもない。現代を真摯に生きようとする読者に、真に知るに価いする知識だけを選びだして提供すること、これが中公新書の最大の目標である。

私たちは、知識として錯覚しているものによってしばしば動かされ、裏切られる。私たちは、作為によってあたえられた知識のうえに生きることがあまりに多く、ゆるぎない事実を通して思索することがあまりにすくない。中公新書が、その一貫した特色として自らに課すものは、この事実のみの持つ無条件の説得力を発揮させることである。現代にあらたな意味を投げかけるべく待機している過去の歴史的事実もまた、中公新書によって数多く発掘されるであろう。

中公新書は、現代を自らの眼で見つめようとする、逞しい知的な読者の活力となることを欲している。